国家自然科学基金青年项目（项目编号：72103024）

中央高校基本科研业务费专项资金资助（项目批准号：2020QD014）

# 长效机制、租购并举与 不动产资源配置

邵小快◎著

LONG-TERM MECHANISM,
PROMOTING OWNERSHIP AND RENTAL,
AND ALLOCATIVE EFFICIENCIES IN
REAL ESTATE MARKETS

经济管理出版社

ECONOMY & MANAGEMENT PUBLISHING HOUSE

图书在版编目（CIP）数据

长效机制、租购并举与不动产资源配置/邵小快著 . —北京：经济管理出版社，2023.5
ISBN 978-7-5096-9049-9

Ⅰ.①长… Ⅱ.①邵… Ⅲ.①不动产—资源配置—研究—中国 Ⅳ.①F299.233.3

中国国家版本馆 CIP 数据核字（2023）第 093975 号

组稿编辑：谢 妙
责任编辑：谢 妙
责任印制：黄章平
责任校对：张晓燕

出版发行：经济管理出版社
　　　　　（北京市海淀区北蜂窝 8 号中雅大厦 A 座 11 层　100038）
网　　　址：www. E-mp. com. cn
电　　　话：（010）51915602
印　　　刷：唐山玺诚印务有限公司
经　　　销：新华书店
开　　　本：710mm×1000mm/16
印　　　张：9.75
字　　　数：161 千字
版　　　次：2023 年 5 月第 1 版　　2023 年 5 月第 1 次印刷
书　　　号：ISBN 978-7-5096-9049-9
定　　　价：58.00 元

　　党的二十大报告指出，加快建立多主体供给、多渠道保障、租购并举的住房制度。近十年来，随着城市化进程的加剧，"住有所居""租购并举"并建立"长效机制"备受关注。本书通过构建微观理论模型，考察了异质性交易者如何在买卖与租赁、数量和配套功能等方面进行选择，并分析了市场均衡性质及其对资源配置效率的影响，进而提出政策建议，以期为相关政策实践提供一定的微观理论基础。

　　本书共分为七章。第一章为导论，简述了本书的研究背景、研究意义、研究方法及创新点等。第二章为文献综述，介绍了相关的经济学理论研究。第三章至第六章为主体章节。其中，第三章考察了具有异质性购买资格的交易者在买卖和租赁之间的选择，通过构建一般均衡模型来考察买卖和租赁两个市场如何相互影响资源配置效率。笔者认为，补贴租赁交易可以在更大程度上促进租购并举并提高整体资源配置效率。第四章通过拓展水平差异化双寡头模型，将消费者购买不动产时的离散数量选择行为纳入研究，并以此考察购买额外的不动产对价格、市场结构和总福利的影响。此外，第四章还纳入了交易者异质性的避税成本，从而刻画了在考虑避税的可能性之后，交易双方的理性回应及其对总福利的影响。第五章考察了与不动产配套的周边资源如何影响异质性交易者的多维选择，并以教育资源为例分析了竞争性均衡如何同时影响居住和教育两个维度的资源配置效率。笔者认为，实施差异化的补贴并促进公共资源的均等化有助于在提高市场效率的同时促进教育公平。第六章考察了公租房项目对低收入群体的消费促进作用，并从实证和模拟等角度做了进一步探讨并提出了政策建议。第七章为全书的主要结论、政策建议及未来展望。

　　本书采用经济学的规范分析范式对我国不动产市场及相关政策构建了理论模型，这样的建模分析方法既可以考虑到异质性市场交易主体的最优选择，也可以分析市场均衡的性质，为相关政策建议提供额外的视角。本书可供相关专业人士研读参考，也可作为相关领域研究生的学习资料。

本书基于笔者的博士学位论文整理而成。笔者衷心感谢导师白重恩、Alexander White 和高明教授的悉心指导与莫大支持。同时，感谢钟笑寒、陆毅、吴斌珍、郑捷、李明志、罗文澜、陈济冬、李建培、毛捷、汪德华、李锐、孙文凯、张俊富、陈智琦、黄娜群、胡怀国、王海成、Arik Levinson、Albert Ma、Stephen Ross、Sergey Kichko、Liisa Laine、Matthew Shi 等同行专家对本书部分章节所提出的宝贵建议。本书部分内容属于国家自然科学基金青年项目（项目编号：72103024）以及中央高校基本科研业务费专项资金资助（项目批准号：2020QD014）的阶段性研究成果。

邵小快

2022 年 12 月于北京

# 第一章

# 导论

## 第一节　研究背景与研究意义

自 20 世纪 90 年代末我国的住房制度开始实行市场化改革后，房地产行业逐渐成为我国经济增长的重要组成部分。特别是在 2008 年金融危机之后，相应的宏观刺激政策使得资产价格上涨较快，相关的不动产交易问题成为影响居民生活质量的重要因素。与此同时，伴随着城市化进程的推进，人们对工作所在地城市的住房及其配套公共资源的需求日趋旺盛。

为了稳定房地产市场的发展和经济体的健康运行，我国政府在 2010 年之后，除了在宏观层面通过货币和信用政策间接调控房地产市场外，在微观层面也相继实施了一系列举措，来调节包括住房和公共资源在内的城市资源的分配，以促进社会公平。例如，为了防止房价增长过快并抑制投机性需求，包括北京在内的一些城市在 2010 年起出台了"限购"举措，对购房过户资格进行了限制。进一步地，为了保障基本的居住需求，一些城市对第二套房的交易进行了限制。此外，政府大量推出公租房项目，以帮助低收入群体实现"住有所居"，提高其生活水平。

在中共十九大和二十大会议精神中，特别强调了住房在民生建设方面的重要性。2017 年召开的中央经济工作会议强调，建立租购并举的住房制度。要发展住房租赁市场特别是长期租赁，保护租赁利益相关方合法权益等。因此，本书在理论层面，将具有时代特色的购房和租房因素引入不动产交易环境中来，考察其对资源配置效率的影响，并在此基础上，进一步对未来的政策建议给出规范

（Normative）分析，以期为我国不动产市场的未来发展提供一定的参考价值。

本书在结合一般均衡模型匹配理论和差异化寡头市场的基础上，引入交易者在诸多维度方面的异质性，以捕捉在面临多重因素的影响下，市场参与主体如何在买卖、租赁、数量等方面进行理性的抉择和最优回应，并如何决定市场均衡的性质及其对应的资源配置效率。本书为上述针对不动产的交易均衡提供了一定的微观理论基础。通过分析市场均衡的性质，笔者发现在限购、离散数量选择和周边配套功能的影响下，自由市场有时未能达到资源的有效配置。在上述因素的影响下，本书进一步探讨了通过可能的政策举措，来矫正资源错配并提高社会福利。

本书的研究既有理论创新也有较强的政策含义。从理论上来说，目前关于限购和租售的研究多是从实证层面关注其对价格的影响。然而，公众所热议的"房价"高低本身，只代表了交易双方之间的转移支付，并不能完全描绘出资源配置的总体效率或社会总福利。本书以市场交易主体面临各种影响因素下的最优回应为立足点进行建模，来推导并分析市场均衡的性质及其对应的资源配置效率。这样能为我们评价一个均衡状态的"好坏"提供更为合理的指标，以便更有针对性地提出相关政策建议。

例如，多数研究认为，"限购"可以抑制需求和房价。但本书对此的分析更深一步，考虑了不同类型的消费者在面临限购时的选择：不具购买资格的消费者要么通过租房留在限购城市，要么离开限购城市；供给者可以选择出售或出租。每位决策者执行利益最大化的选择，从而决定了市场均衡。本书通过对不同的交易行为进行建模，更详尽地解释了限购通过何种机制影响需求。这就可以在理性行为和均衡的基础上，比较对持有产权、交易或租赁进行相关干预的结果及利弊。

通过比较买卖和租赁之间的关系，及其在均衡时对资源配置效率的影响，笔者认为仅靠自由市场本身无法全面地提高人民生活水平。为了进一步促进租购并举和长效机制的建设，仍然需要改善租赁市场环境，继续推行公租房项目的建设。本书从理论和实证两个层面分析了公租房项目对低收入群体的影响，以及如何缓解其财富约束并促进其消费。因此，政策的实施需要兼顾效率与公平。

对于基于改善型需求购置二套房的消费者行为而言，本书构建了"离散选择"模型，以分析数量差异如何影响资源配置效率，以及市场势力和竞争策略如何影响均衡价格。对不动产市场而言，由于涉及的金额较大，有时以离散的单位衡量购买数量比用连续的单位来衡量更为合理。本书拓展了水平差异化双寡头模型，允许消费者可以从不同卖家手中购买多处不动产。此时，价格不仅可反映出需求端的因素，还能将供给侧卖家之间的竞争和市场结构等因素考虑在内。在此基础上，本模型进一步考察了征税和避税如何影响消费者、生产者以及社会总福利。由此，就为分析征税或避税如何对各类不同群体以及总福利产生影响提供了一个更为丰富的视角。

除了买卖、租赁和数量选择外，不动产周边的配套资源也会影响消费者的决策。基于"不动产"的地理性质，购买某处的不动产相当于"获取"了周边的配套资源，或者说周边配套资源的丰富程度会在一定程度上反映在不动产的价格上。因此，消费者购买一处不动产，相当于购买了居住与其他配套资源的某种"组合"，而研究这样一种组合商品的交易是如何影响资源配置效率的，就需要从居住和配套资源两个维度来考察。本书在一般均衡模型的基础上，进一步引入二维匹配（Matching）效率，以考察多因素如何同时决定资源配置效率。

通过对交易者的理性选择进行建模并分析市场均衡的性质，可以为我们比较个体最优和社会最优提供一个更为严谨的理论工具，并以此来有针对性地研究相关政策设计。本书的模型在一定程度上对现有的经济理论和模型进行了拓展和创新，并能在更广泛的层面上解释交易者的动机及其对应的市场均衡性质。

从政策意义上而言，本书的模型可以进一步考察相关政策对提高资源配置效率的促进作用，并提供更有针对性的政策建议，对于"租购并举"和"长效机制建设"具有重大意义。长效机制的建设不能仅仅依赖于资源的再分配，也不能忽略理性交易者的最佳选择，而应当重视在给定限制约束下不动产市场的均衡性质。

最后，从民生的角度来说，本书对买卖和租赁方面的研究，对人民群众特别是低收入群体的"住有所居"问题具有一定的理论和政策意义。对数量选择的分析，有利于优化市场的供给侧结构。对配套教育资源的分析，在一定程度上可以为城市公共资源均等化以及教育均等化等问题提供一定的参考价值。

## 第二节　研究方法与基本结论

本书通过构建一般均衡、差异化寡头和匹配理论等模型，研究了租售抉择、数量选择和配套功能等因素对不动产交易市场的资源配置效率的影响，并在此基础上，提出能够提高资源配置效率相关层面的政策建议。

上述影响因素的一个共性在于其在产生较强的再分配性质的同时，会对资源配置效率造成潜在的影响。从再分配的角度来说，限购等问题限制了非本地人对城市资源的享用。在城市化和城乡以及区域发展不平衡的背景下，一线和二线城市的流动人口数量不断增加，导致对住房和公共资源的需求旺盛。因此，限购在一定程度上可以抑制房价，保障部分消费者的基础居住需求。而公租房项目，可以为低收入群体提供一定的保障，改善其生活质量。

然而，再分配举措在一定条件下会影响资源配置效率，而资源配置效率是经济理论中非常基础的评价指标。评价资源配置效率（社会最优）的一个前提是分析理性行为人面临政策变动时的最佳选择（个体最优）。例如，在限购下，居民如何选择买房、卖房、出租，以及是否离开限购城市？若购买第二套房会比第一套房面临更多的成本或税费，则理性交易者应该如何选择购买数量？以及在什么条件下会选择避税（本书指合理避税）？若买房需要考虑周边配套的教育资源，则教育资源的配置如何由不动产交易所影响？

为了回答上述问题，必须先对消费者的理性行为进行正式的建模分析，以此来求解市场均衡。笔者认为，在上述因素的影响下，均衡结果不一定能达到社会最优的资源配置。因而，本书分析一系列在不动产交易或持有环节征税的可能性，以考察这些政策举措如何通过影响交易者的行为动机来影响或进一步改善均衡配置。

本书结构如图 1-1 所示。首先，笔者分析了交易者如何在买卖和租赁之间进行抉择，并在限购下讨论了其对资源配置效率的影响。其次，针对具有购买资质的消费者而言，笔者进一步考察了消费者对购房数量的选择，以及在什么条件下市场参与主体有动机对第二套房产进行交易。再次，针对购房所获得的配套教育资源，本书研究了资源如何在居住和教育两个维度达到有效的配置。最后，从社会公平的角度，笔者探讨了公租房项目如何改善低收入群体的生活水平。①

---

① 住房和不动产享有的共同特征包括购买与租赁的区别、离散数量选择，以及地理区位的固定性等。本书以住房为例，讨论上述特征对资源配置的影响，相关结果也同样适用于不动产。

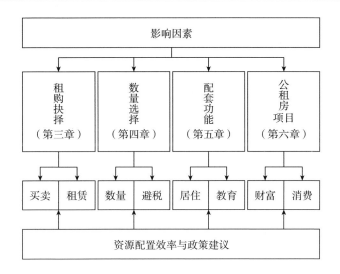

**图 1-1　本书的结构**

以下分别具体展开不同章节的内容和结论：

第三章通过构建一般均衡模型，考虑了具有不同购房过户资格的交易者在买房、租房、出售和出租之间的选择，并求解了市场均衡，指出限购并未使资源达到"次优"配置。给定限购约束，对持有产权和过户交易进行征税均无法缓解或矫正限购约束带来的无效配置，但补贴租房交易可以恢复"次优"配置并提高总福利。

具体而言，该章假设在限购下产生了三类交易者：不具备购买资格的消费者、具有购买资格的买家和具有购买资格的卖家。对于不具备购买资格的消费者而言，每个人可以选择是否留在限购城市，如果留在限购城市，既然无法买房则只能租房。在不考虑生产部门的情况下，初始状态下住房总存量（即以连续单位衡量的禀赋）被一部分具有购买资格的人所持有。所以，不具备购买资格的消费者根据租赁价格选择租房数量或离开限购城市；具有购买资格但禀赋较少的消费者根据过户交易价格选择买房数量；具有购买资格且禀赋较多的消费者选择自己居住的数量，并将剩余住房资源出售或出租，以最大化收益。

因此，本模型就将限购如何将市场分成购房和租房两个市场的过程进行了内生化。住房的供给者在限购规定出台之前和之后，所面临的租房和买房的相对需求发生了变化。由于限购有助于抑制房价，因此对于卖家而言，相比起没有约束的情况，限购约束使得买卖和租赁行为被强制改变；对于供给端而言，出售和出租的选项减少，资产的用途减少，从而贬值。在新的需求结构下，为了最大化自身利益，供给者需要考虑在买房和租房两种需求的情况下，如何向这两个市场进行供给。

从所获得的居住效用来说，假设居住在自己拥有产权的房屋内比租住在没有住房产权的房屋内能获得更高的效用（否则，限购规定就不起作用）。为了简化分析，假设所有消费者的效用函数是拟线性（Quasilinear）。本书主要关注资源配置效率问题，因此假设消费者不存在财富约束。

从购房者或租房者这一需求端来说，效用最大化的条件要求每个购房者或租房者对购买或租赁的边际效用等同于每单位商品的市场交易价格或租金水平，即消费最后一单位住房所获的价值等同于消费者的支付意愿。从供给者的角度来说，每个供给者需要消费一定数量的住房，同时将手头多余的房产出售或出租给消费者。在瓦尔拉斯经济体中，所有个体都是价格接受者，则竞争性均衡意味着供给者自身消费最后一单位房产的机会成本必须和购房者消费最后一单位房产的边际效用相同。

与此同时，作为一个供给者，除了在给定价格下最大化自身居住效用之外，还需要最大化出售或出租的收益。在均衡的情况下，如果额外一单位住房在购房市场上卖的价格更高，则供给者都会将手头额外的住房单位进行出售而不是出租；相反，如果额外一单位住房在租房市场上出租的价格更高，则供给者都有动机将手头额外的住房单位进行出租而不是出售。因此，在竞争性均衡下，额外一单位住房在出售和出租市场上的边际收益应相同，此时在所有权交易和租赁交易两个市场中，都不存在过量供给和过量需求。

然而，出售一单位住房和出租一单位住房对于供给者而言具有一个微妙的差异。将所有权过户，即出售，意味着原户主不需要对已出售的房产负责。但是，如果所有权依然在自己名下，只是将其暂时出租给租客，则意味着户主依然承担一系列的责任。例如，管理、维护，与租客之间定期进行周期性租金转账交易等。因此，相比一次性过户，出租意味着户主承担了一部分的管理费用或出租成本，即租客所支付的租金会高于户主实际享受到的价值。所以，为了使一位供给者在均衡条件下对出售或出租额外一单位住房无差异，则意味着对于同一单位住房而言，其租金高于过户价格（给定相同时段）。

这样，在均衡条件下，虽然两类具有购房资格的消费者，即具有购房资格的买家和卖家的边际效用相同，但是具有购房资格的消费者和没有购房资格的租户，其边际效用却因租房偏好和租赁交易不完美而产生了差异。这意味着在均衡状态的基础上，将额外一个单位住房配给到租户手中，可以使租户增加的边际效用高于某个具有购房资质的消费者的居住效用的损失。所以，限购均衡本身并没有最大化总福利，一定的改进举措能使总福利增加。

假设没有这样的限购规则，即在自由市场的交易环境下（Edgeworth Box），任何一对买家和卖家最终的交易结果都要求其无差异曲线相切，即边际效用相等。而限购导致具有购房资质和没有购房资质的消费者的边际效用之间产生了差异，意味着住房资源没有得到最充分的利用。假如存在一个社会计划者，在给定某些人不能拥有产权只能租房的前提下，如果目标是最大化住房总效用，则应使不同消费者的边际效用相同。在第三章第二节中，即使考虑到不完美的租赁交易，在给定限购的约束下，相比次优配置，限购均衡依然导致了较低的租赁数量和较高的过户交易数量，使得资源在购买和租赁之间产生了错配。

所以，考察身份限购对资源配置效率的影响，关键在于分析供给者出售和出租的无差异条件。当得到该无差异条件后，可以进一步评估对持有产权、产权过户交易和租赁交易三种行为进行征税的效果。

首先，对持有产权进行征税不影响供给者的出售和出租决策。出租一单位住房，户主仍然需要纳税，而出售虽然不需要卖家交税，但购房者在面临再次出售和出租时，依然是产权持有者，与原卖家面临相同的选择，所以对持有产权征税不影响供给者的出售和出租动机，因此不会提高总福利。特别地，当住房总量是固定数量时，对持有产权征税不对总福利产生任何影响；而存在竞争性供给部门时，对持有产权征税会通过减少交易量而降低总福利。其次，如果对过户交易进行征税，则导致供给者更倾向于出租而不是出售，使得买家和租户的边际效用趋同，在一定程度上抵消了限购所带来的扭曲。然而，过户交易税使卖家和买家之间的边际效用又产生了差异，增加了对经济体的负面影响。最后，如果直接补贴租赁交易，则会使供给者减少自己的消费量和出售量，并增加出租量，进而在不改变两类具有购房资质的购房（过户）者数量的同时，恢复"次优"配置。

在第四章中，给定购房过户资质，笔者进一步研究了消费者购房数量问题。与第三章假设住房单位为连续变量所不同的是，现实中，多数持有住房产权的居民要么持有一套房，要么持有两套或更多住房来满足改善型需求或其他需求，即"套数"更多的是一种离散选择。所以，我们需要一个能够体现离散数量选择且能够体现住房产品差异化的模型，来解释消费者对离散套数的选择，以及卖家的出售和定价行为。为此，第四章对水平差异化双寡头模型进行了拓展，假设消费者不仅可以选择只购买一个单位的房产，也可以选择购买两个单位的房产，且两个卖家同时定价。这样，我们既可以分析离散数量选择，也可以分析卖家的定价和市场结构对均衡的影响。

在有了可以体现离散套数选择的模型之后，可以进一步探讨当政策对第一套和第二套不动产进行区别对待时，对资源配置效率会产生怎么样的影响。同时，如果消费者选择避税购买第二套房，需要考察征税和避税分别对消费者、生产者和总福利的影响。从直觉上来说，由于避税和征税是相反的力量，因此如果征税能提高资源配置效率的话，那么避税就会降低资源配置效率；反之，如果征税降低了资源配置效率，那么避税就有可能提高资源配置效率。

为了回答上述问题，第四章在水平差异化的模型上进一步引入了异质性的"避税成本"，给定第二套房相对于第一套房额外的成本和税费，一个消费者既可以选择只买一套房，也可以选择交税购买二套房或避税购买二套房。特别地，当避税成本低于税额时，消费者会选择避税购买二套房；相反，当避税成本高于税额时，消费者会选择交税购买二套房。卖家无法观测个体的避税成本，但假设避税成本的分布是已知的，可根据上述信息制定价格策略。

根据上述模型设置可知，在市场均衡时，对第二套房征税会产生两种影响：一方面，征税降低了房价；另一方面，由于成交量下降导致总福利降低，即对第二套房征税产生了福利净损失。

第四章的一个特色在于，通过分析避税成本的统计占优性质，可以量化避税对税收的反作用机制。例如，被二阶占优的分布函数意味着较低的均值。换言之，如果卖家得知消费者很容易避税，则意味着对二套房征税对需求抑制的效果有限，那么卖家会相应地制定较高的价格。

通过分布函数的占优性质，可以量化避税对不同群体的再分配效应——价格转嫁。例如，虽然并非所有的消费者都会选择避税购买二套房，但再分配效应对未选择避税的消费者产生了"负外部性"，因为避税会提高对二套房的需求，从而使得卖家有动机提高价格，导致其他没有避税的消费者也不得不按更高的价格购买。具体而言，这种价格转嫁效应可以用避税成本分布函数的二阶占优（Second Order Stochastically Dominated）性质进行量化。

从社会总福利（消费者剩余、卖家利润和财政收入之和）的角度来说，既然对第二套房征税导致了净损失，那么避税行为会起到积极作用还是消极作用呢？一方面，避税行为抵消了征税本身导致的产出下降；另一方面，避税本身是有成本的。在第四章中，笔者证明了两种情况都有可能发生。为了剖析征税和避税对总福利的影响，将选择避税的消费者分为两类：

第一类是"边际购房者"（Marginal），即对购买一套房或二套房无差异的消费者。若不存在避税的可能性，则增加对第二套房的征税一定导致边际消费者只买一套房；若存在避税的可能性，则边际消费者有可能通过避税来购买两套房。因此，从边际消费者的购房行为来看，避税增加了需求。

第二类是"非边际购房者"（Infra-Marginal），或称为购买二套房的忠实客户——给定对第二套房的某个征税水平，这些消费者一定会购买两套房，而不是对购买一套或二套无差异。如果不存在避税的可能性，他们会交税购买（且他们交的税会成为财政收入，对总福利没有影响）；若存在避税的可能性，则他们当中的一部分会通过避税购买二套房，但避税所产生的损失，即避税成本，并没有创造价值，属于社会净损失。

结合两类消费者的避税行为可知，前者的避税行为在一定程度上可以抵消征税导致的净损失，从而对社会有利；而后者的避税行为则直接造成了净损失。因此，给定某个征税水平，避税行为既有可能提高社会总福利，也有可能降低社会总福利。第四章的数值模拟结果显示，相比不考虑避税可能性的模型下得出的社会总福利而言，若税率较低，则考虑避税可能性的模型下得出的社会总福利较低；若税率较高，则考虑避税可能性的模型下得出的社会总福利较高。这是因为，较低的税率意味着坚持购买二套房的消费者数量较多，他们避税所产生的损失超过了边际消费者因避税而增加的交易量的价值；反之，若税率水平较高，则坚持购买二套房的消费者数量相对较少，他们避税导致的净损失占社会净损失总量的比重较低。

本书第三章和第四章并未深入探讨住房除居住之外的其他功能。因此，笔者在第五章进一步考察当消费者选择住房时，不仅会考虑居住条件，还会考虑配套资源时，交易均衡及其对资源配置效率的影响。以教育为例，包括我国在内，世界上很多国家都有类似"就近入学"的规定。因此，消费者在买房的同时，可以获得享有周边配套教育资源的机会。与前几章只考虑居住本身的效用不同，如果购房本身与消费者其他行为无关，则考察房产交易市场的福利计算只需要考虑交易对居住效用的影响。但是，当购房决策包含了附带的其他功能时，总福利的计算在考虑居住资源配置之外，还应当考虑所附带资源的相应配置。当消费者购买住房和教育这一对"组合商品"时，会分别对居住和教育两个维度的资源配置效率产生影响。例如，一方面，假如一个购房者不需要使用配套的教育资源，只是因地理位置等其他因素希望购买教育资源相对丰富的区域，则该消费者不得不承受其他偏好该教育资源的消费者的支付意愿；另一方面，有更需要该教育资源的消费者，可能对配套住房的支付意愿较低，导致教育资源未能得以充分的利用。

在第三章的研究中发现，有效率的资源配置要求不同消费者对居住的边际效用相同。这个结论成立的前提是消费品和消费者偏好是同质化的。进一步推论可知，如果消费者的偏好不同，消费品的质量不同，那么有效率的资源配置方案要求边际效用较高的消费者"匹配"质量更高的消费品。同理，如果评价教育资源有效利用的标准是假设存在一个竞争性的教育匹配"市场"，使得不同需求的消费者与不同教育资源的匹配结果应当服从一定的性质，从而使得整个社会的教育回报能最大化。所以，理想的配置方案应当使得住房和教育同时达到有效率的配置或匹配（Positive Assortative Matching，PAM）。

然而，第五章的结果表明，在竞争性均衡下，上述两个维度不一定能同时达到合理匹配。具体而言，为了研究房产及其配套功能对资源配置的影响，需要构建一个包含二维差异化商品和二维异质性消费者的模型。从现实角度来说，区域不同，教育资源的分布不同，消费者对居住的偏好不同，家庭类型也不同。在第五章中，假设一个城市由两个区域组成，其中，每个区域由一单位房产和学校组成，居住和教育质量存在差异。每个消费者无法单独选择学校，而必须通过购买配套的房产来间接获得教育资源。或者说，购房决策不仅要考虑居住环境的异质性，还需要考察配套教育资源的丰富程度。

初始状态下，每个家庭具有一处房产的禀赋，他们决定是否消费禀赋还是进行交易。竞争性均衡被定义为没有人愿意偏离当前的选择。此时可以证明的是，支付意愿较高的消费者最终将选择高质量的居住环境和丰富的教育资源。此时，均衡结果并不一定有效率，因为存在一种可能性，即对居住环境支付意愿较高的家庭不一定能充分利用教育资源。因此，虽然居住匹配是有效率的，但教育匹配是缺乏效率的（Negative Assortative Matching，NAM），此时教育资源没有得以充分利用。

为了缓解教育资源错配，第五章考虑了一种"条件减免式"的机制。在一些西方发达国家，很多业主需要缴纳一定的税费，用于当地公共资源的融资。鉴于此，考虑一个类似的方案，即但凡购买了附带丰富教育资源的住房，就需要缴纳一定额外的费用。但是，若就读学生的综合表现优异，则可获得减免或补贴。这样，条件减免改变了不同交易者的交易动机，鼓励了能充分利用教育资源的交易者购买配套丰富教育资源的住房。换言之，条件减免举措可以提升教育资源有效配置的概率。

但与此同时，这样的条件减免也可能导致一定的副作用。例如，能充分利用教育资源的交易者不一定具有较高的支付意愿或边际效用，此时若鼓励这一类交易者选择教育资源丰富的区域，就意味着在居住这个维度，资源反而没有达到有效的配置。所以，最优的条件减免力度取决于居住和教育两个维度的权衡。基于此，第五章推导了最优的条件减免额度，对这两个维度进行了权衡。最优减免力度的大小应当与居住需求弹性负相关，即如果消费者对居住条件不在乎，则提高教育资源的有效利用就不会在很大程度上影响居住资源的分配。此外，如果教育维度 PAM 和 NAM 两类匹配所导致的教育产出的差值越高，则越应当提高累进性。

通过上述研究，可为考察我国不动产交易市场的资源配置效率提供更为丰富的视角和更具针对性的政策建议。限购影响了买卖和租赁两个市场的相对关系，因此对应政策应当注重买卖和租赁之间的权衡关系；对二套房的相关政策，应当考察消费者的购买动机、卖家的定价策略以及分析存在避税可能性之后的交易结果；促进教育公平和城市资源的均等化，应当同时考虑居住及其配套资源多个维度的资源配置效率，而不应当将其分割开来。综上，政策建议应当充分考虑交易者的异质性、理性选择及其对应的市场运行客观规律。

诚然，政策制定不能仅仅关注资源配置效率，还需要考虑社会公平和再分配问题。因此，第六章从理论和实证两方面考察了公租房项目如何促进租购并举和改善低收入群体福利，并通过比较相关的实证研究中的典型事实和数据，对上文的理论结果进行了验证，使理论分析可以与相关实证研究互为补充。

## 第三节  创新点与不足之处

本书对不动产交易的决策理论和相关政策建议具有一定的创新和贡献，特别是对存在异质性交易主体在多维环境下的决策理论提供了一定的微观基础。第一，既有文献多是从实证研究角度检验某些因素如何影响了房价，或模拟预测某些政策对房价的影响。本书对相关研究议题进行了一定的规范分析，从微观方面进行了理论补充。特别地，笔者强调政策制定者不能忽视微观交易者个体面临规则变动时所做出的最佳回应。通过构建异质性消费者的购房与租房、数量选择与避税决策等，为分析政策和市场的互动提供了一定的理论基础和规范分析，从而可使我们以更为全面的视角来理解或评估相关政策所产生的影响。

第二，从政策实践的角度来说，党的十九大明确提出要完善租房市场并建立房地产市场的"长效机制"。党的二十大提出"租购并举"。本书进一步为如何开展"租购并举"提供了丰富的微观理论基础，其对应的政策建议可为构建长效机制提供一定的参考价值，为将来的住房市场改革提供新思路。

第三，从技术层面来看，本书对下述问题进行了一定的理论创新。笔者在一般均衡模型中考虑了出售和租赁两个市场，允许各类交易主体分别采取最优行为。例如，被限购者可以选择离开限购城市或在限购城市租房，具有购房资质的买家/卖家根据售价和租金来决定购买、出售和出租的数量。特别地，限购下的瓦尔拉斯均衡在供给者供给额外一个单位住房时，由出售和出租之间的"无差异"条件所决定。该"无差异"条件是评价资源配置效率的关键，可被用来预测不同干预政策所产生的效果。

第四，笔者将传统的水平差异化的双寡头模型进行了拓展，消费者不仅可以只买一个单位住房，还可以购买两个单位住房，以此捕捉"购买二套房"的相关行为。在传统的水平差异化双寡头模型的设置下，每个消费者只能选择从某个卖家处购买一个离散单位的产品，但消费者还可以选择分别从两个卖家处各购买一件产品，即购买两件产品。在"二选一"的假设下，两个卖家之间存在价格竞争关系，均衡价格不仅由消费者的需求层面来决定，更是由卖家之间的竞争所决定。然而，当额外购买一件产品的边际效用足够高时，消费者选择两家都买，此时会导致两个卖家之间不再存在竞争关系，他们各自独立地制定自己的价格。因此，从"二选一"到"两个都买"这样的拓展，不仅能解释一些离散选择的消费行为，而且能将市场供给侧的结构以及市场势力等因素考虑在内。

第五，在引入避税的可能性时，笔者假设不同的消费者具有异质性的避税成本，而卖家无法观测到个人的避税成本，只能了解避税成本的整体分布。这样，市场均衡交易价格的高低可由避税成本函数的相关统计性质来预测。这与单纯讨论房价的实证研究不同，本书为避税对价格的影响提供了更丰富的量化指标。与此同时，消费者剩余、生产者剩余以及总福利，在很大程度上都可以由该分布函数的统计占优性质来决定。

第六，当消费者的购房行为需要考虑周边配套资源时，所购买的商品就具有了多维性质，相当于是多个商品所构成的组合。同时，不同的交易者对不同维度的商品具有异质性的偏好，在这样的前提下，如何在交换经济中考察消费者对商品组合的选择，以及买卖双方的交易动机，对于分析多维的资源配置效率问题至关重要。本书以居住和教育资源的组合为例，在瓦尔拉斯一般均衡的框架中引入了多维匹配效率的概念，从而可以捕捉在交易均衡的状态下，居住和教育两个维度的资源配置效率。特别地，买卖双方是否执行交易所对应的临界值条件，取决于对两个不同维度商品的支付意愿偏好的联合分布。

综上，本书认为，为了提高资源配置效率，相关政策需要在充分考虑市场运行客观规律的基础上，权衡买卖和租赁两个市场的关系；准确评估和预测异质性交易者的避税成本以及避税之后产生的均衡状态；权衡居住与其配套的城市公共资源的分配关系；大力推行并加强公租房的建设并健全分配机制。

但同时，本书的研究也存在改进的空间。正如上文所述，本书的分析范式是通过构建微观理论模型来解释现实问题并预测政策效果，其优势是构建了规范分析的框架，与相关的实证研究相互补充，但也存在以下几个问题：

首先，本书的中心点是"资源配置效率"，其中在对总福利（Total Surplus）的计算中，难以测度的个体效用是重要组成部分。同时，市场"均衡"的性质也依赖于个体根据自身效用所做出的最优选择。这样，从资源配置效率以及均衡的角度来说，在一定程度上难以进行实证或计量。因此，第六章针对前文的核心定理补充了典型事实和相关实证研究。此外，为了使理论更贴近于实际应用，第六章也提供了一些数值模拟结果，使得理论结论更为直观化。

其次，理论模型的一个特点是高度抽象，以简化不必要的细节，并以此求得显示解并进行比较静态分析。然而，抽象的代价是忽略了一些事实。笔者假设个体的效用函数为拟线性形式，这方便计算总福利或加总问题，但代价是忽略了收入效应。此外，本书以微观理论为主要研究方法，静态模型中均为实际变量，并未考虑金融市场以及宏观环境的影响。

最后，需要指出的是，由于本书采用的模型均为静态而非动态模型，因此相关的征税政策与通俗意义上对持有或保有环节征收的"房产税"在意义上是不同的。

# 第四节 技术路线与后文安排

本章主要陈述本书的内容、结论和意义。第二章文献综述展示了本书的研究在理论模型和政策含义两方面与以往研究的不同或创新之处。第三章、第四章和第五章从资源配置效率的角度，分别对买卖与租赁、离散数量选择、配套功能等影响交易者偏好的因素进行了理论建模分析，并研究了这些因素对资源配置效率的影响。第六章分析了公租房项目对低收入群体福利的改善，并对上述模型的实证含义进行描述，给出了相关数值模拟结果。第七章对全书进行了总结，并提出了政策建议。

从研究方法上来说，第三章采用了一般均衡模型，引入消费者异质性的过户身份，但依然假设不动产这个商品本身，一方面是连续的，另一方面也是同质的。在第四章，为了捕捉离散的"套数"选择，需要引入产品的差异化程度。而差异化的产品也意味着供给方具有一定的市场势力，因此采用了水平差异化的双寡头模型。在第五章，模型引入了居住效用与教育资源双维度。因此，从第三章到第五章，模型的设置逐渐丰富。

上述三个章节所讨论的核心是资源配置效率及其对应的政策建议。在现实中，很多政策的实施目的并不完全是"资源配置效率"（或经济学意义上对"总福利"的定义方式），因此第六章将对诸如具有再分配性质的政策目标与经济效率进行比较，并通过对比相关的实证研究中的数据和典型事实，验证了前文的几个核心结论，使得理论与相关实证研究互补。最后，第七章进行了总结和政策建议。

本书模型中所用到的主要数学符号及说明如表1-1所示。

表1-1 本书的主要数学符号

| 符号 | 意义及说明 |
| --- | --- |
| $x$ | 住房（数量和质量） |
| $y$ | 租房数量 |
| $s$ | 配套教育资源 |
| $\tau$ | 税费水平 |

续表

| 符号 | 意义及说明 |
|---|---|
| $p$ | 价格水平（$p$：过户交易价格；$p_y$：租房价格） |
| $u$（·） | 居住效用函数 |
| $\sigma$ | CRRA 效用函数中的弹性倒数 |
| $C$（·） | 住房生产成本函数 |
| $\theta$ | 消费者类型（$\theta$：租房偏好类型；$\theta_A$：A 类型的支付意愿；$\theta_B$：B 类型的支付意愿） |
| $r$ | 生产函数参数 |
| $\rho$ | 周边配套资源的权重 |
| $1-k$ | 出租的边际管理成本 |
| $MR$（$y$） | 出租的边际收益函数 |
| $n$ | 具备购买资格的消费者数量 |
| $m$ | 不具备购买资格的消费者数量 |
| $\xi$ | 不具备购买资格的消费者在下一期仍不具备购买资格的概率 |
| $w$ | 不具备购买资格的消费者留在限购城市的非居住效用 |
| $\mu$ | 避税成本 |
| $t$ | 产品差异化程度 |
| $v$ | 离散单位的资产价值 |
| $G$（·） | 避税成本 $\mu$ 的分布函数 |
| $F$ | 分布函数（$F_w$：$w$ 的分布函数；$F_{he}$：住房禀赋 $h_e$ 的分布函数；$F_\theta$：$\theta$ 的分布函数） |
| $W$ | 社会总福利 |
| $\omega$ | 政策目标中某一项所赋予的权重 |
| 上标 | 资源配置状态 |
| $A$ | 社会最优（First-Best）的配置 |
| $B$ | 次优（Second-Best）配置 |
| $C$ | 最大化居住效用（Consumption-Optimal）的配置 |
| * | 竞争性均衡。其中，（·）* 表示某个变量的均衡状态；$\tau^*$ 表示最优税 |
| $NT$ | 无税纳什均衡 |
| $ND$ | 无避税均衡 |
| $D$ | 避税均衡 |
| 下标 | 意义及说明 |
| $t$，$t+1$ | 动态模型中的时期 |
| $b$ | 购房者 |
| $s$ | 售房者 |

# 第二章

# 文献综述

## 第一节　与现有文献之比较

本章将按如下方式对文献进行归类总结：本章第二节介绍了不动产特别是房产交易，包括买房、售房、租房和出租等选择的基础经济学理论。因为本书第三章相关税收政策的关键点是瓦尔拉斯均衡中财产所有者出售和出租额外一单位住房的无差异条件——对不同交易类型征税会影响该无差异条件对资源配置效率所产生的影响，所以有必要考察并总结现有文献对过户买卖和租赁的研究。特别地，引发第三章中资源无效配置的一个因素是租赁市场的不完美——其具体决定因素和典型事实都在本小节所总结的文献中得到了佐证。然而，有关住房所有权和租赁的理论研究多以自由市场为前提，并未考虑"限购"，因此第三章通过参考已有的对所有权和租赁进行对比的文献，并加以拓展，以研究我国的限购问题。

本章第三节总结了与西方房产税相关的经济理论，并介绍了我国房产税试点的相关实证研究。总体而言，西方研究征税的经济理论强调纳税责任人如何对征税做出最优的行为反应，且其程度与"弹性"相关。本书的不同之处在于，将征税和不动产交易的相关影响因素结合起来，强调政策实施不仅要考察个体的最优回应，而且应考虑其实施时所面临的限制、约束。

本章第四节总结了研究限购实施效果的相关文献。其中，多数文献从实证或模拟的角度，检验限购对价格或其他方面的影响。与这些研究不同的是，本书第三章通过解构不同交易者面临的买卖和租赁交易的最佳决策（特别是从出售和出租的无差异条件入手)，来考察市场均衡的性质，从而分析限购对均衡的影响，并在此基础上继续讨论政策干预如何对均衡结果产生矫正作用。

本章第五节进一步介绍了公共政策对个体行为的影响。本书第四章研究了二套房的交易动机，在参考这些文献的基础上，存在以下几点不同：第一，现有研究税收对行为的扭曲的文献，主要是从劳动所得税这个角度进行分析，缺乏从间接税及卖家的策略层面分析商品税对行为的扭曲；第二，本书引入异质性的避税行为，以讨论其对福利的影响——在对二套房的交易实施限制时，个体根据避税成本来自由选择交税还是避税。此外，第四章还从技术层面研究了寡头竞争市场上的税负归宿问题。根据现有文献，完全竞争和纯垄断市场结构下对于税负归宿的分析已经比较透彻，但对于寡头市场结构而言，并没有统一的结论。特别地，出于刻画"离散数量"交易行为的需要，笔者在水平差异化模型的基础上允许消费者可以购买两个单位住房，并对购买第二个单位住房实施更高的税费。因此，笔者对"寡头市场结构下税负归宿"的相关问题进行了补充。

本书的第五章考察了与居住环境所配套的公共资源问题。为了分析此问题，假设购房决策者会考虑周边配套的教育资源，因此考察资源配置效率就需要同时考虑居住和教育两个维度而不是一个维度的配置效率（第三章和第四章只讨论居住选择，其"资源配置效率"可以简单理解为一个维度的"匹配"）。这样，通过二维匹配效率，可以使我们透过房价这个现象本身来更深刻地理解诸如"就近入学"等规定如何影响居住和教育两个维度的资源配置。

## 第二节　买卖与租赁的相关理论

从本质上来说，房产交易属于商品市场交易的一部分，买卖双方根据供给和需求及其所决定的价格来进行买卖行为。Olsen（1969）和 Mayo（1981）系统地对住房市场上供给和需求的基本特征进行了分析和阐述。De Leeuw（1971）分别对租客和户主的需求弹性进行了实证研究。

但是，住房具有消费和资产双重属性（Smith et al.，1988）。特别是对于其消费特性来说，具有耐用性以及空间上的异质性。从耐用性来说，房产交易又可以分为所有权过户交易和租赁交易。其中，住房的购买和租赁之间的区别是第三章研究的核心内容。[①]

第三章对限购的研究，首先建立在"每个消费者必须有住的地方"这一前提之上。如果不能买，那在不离开这个城市的基础上，就只能租。因此，对买房和租房，或者说对出售和出租的分析，就需要分别从需求方、供给方以及交易均衡三个角度进行考察。

首先，从需求方来说，租和买之间的区别取决于产权持有时间、风险和偏好等因素。Henderson 和 Ioannides（1983）从产权持有时间的角度，研究了购买和租赁之间的差异。他们发现，租房的换房交易成本低于过户交易，而且诸如年轻人等消费群体由于流动性高，更倾向于租赁。Haurin 和 Gill（2002）也认为，购房和租房之间的关键差异在于时间长短。此外，购房和租房的决策与交易成本密切相关。通常来说，交易成本可以通过中间商收取的费用来估计。在美国，房产交易中介通常会收取交易价格的5%~7%作为服务费用。McCarthy 等（2001）以及 Sinai 和 Souleles（2005）认为，如果选择租房，则租客面临租赁市场上的波动风险。相反，购买房产则意味着持有一个长期可以居住的资产。如果租金上涨，则租客面临着未来生活成本的上升，相反户主则可以享受租金上涨带来的资产升值。长期来看，租赁的风险更高，因此拥有住房所有权的需求会增加。Weiss（1978）强调，市场均衡时，一个边际购房者应当在选择拥有产权和租赁时无差异。

McCarthy 等（2001）认为，相比起租房，拥有住房所有权的优势在于：第一，可以对自有住房进行自定义式的配置；第二，拥有所有权可以随时间的推移而逐渐减少持有成本。

以中国购房者为例，Wei 和 Zhang（2011）通过对比性别比的变化趋势说明了为何中国居民相比起租房更愿意买房。Hu（2013）从社会身份和心理等角度总结了为何中国居民更愿意购得住房的所有权而不是租房。Li 等（2019）和李庆海等（2011）研究了中国农村居民土地租赁交易行为及其福利效应。

其次，从户主或住房供给方的角度来看，自住、出售和出租会分别发生不同的成本，并影响户主的选择。Olsen（1969）认为户主拥有住房所产生的成本包

---

① 由于住房具有耐用品特性，因此住房不仅可以被购买，也可以被租赁。Bulow（1982）较早地奠定了对耐用品的购买和租赁行为的研究。但与本书的区别在于，Bulow（1982）的模型中，耐用品的供给者是垄断厂商，因此具有市场势力。而笔者在第三章中，假设买房和租房的决策是在一个竞争性市场中展开的（Shao and White，2021）。

括维护、维修、变更和增添设施等。Shelton（1968）详尽地考察了拥有住房的所有权和租房之间的差异。户主如果选择出租其财产，需要在维护、空置、管理等各方面发生成本。因此，租金中包含了需要维护房屋的成本、折旧产生的成本、出租导致的空置可能性以及与租客之间发生交互行为所产生的管理费用。房产交易特别是租赁交易会产生一系列的法律和行政成本，包括押金、物品保管和其他成本（Jaffe，1996）。Wallace（1892）提到，由于租客不具有住房的所有权，其无法永久性地居住在租赁的住房内，因此租客没有动机对住房质量进行维护和改善。同时，由于业主无法实时对租房状况进行监督，因此维护成本较高。

Blank 和 Winnick（1953）认为，住房户主会通过与其他户主进行竞争，最大化出租收益。租赁市场会因家庭成员的数量不同，导致租客和户主之间产生的租赁交易摩擦程度有所不同。由于住房市场可以分为过户交易和租赁交易两个子市场，因此在两个子市场同时达到均衡的情况下，其单位价格之比决定了"租售比"。

Himmelberg 等（2005）认为，"租售比"即租金和过户交易价格的比率，可以在一定程度上体现户主的成本，以及户主选择出售和出租的相对收益。当租金相对于售价上升时，户主更倾向于出租，否则更倾向于出售。在均衡时，拥有一栋住房的成本不能超过出租所发生的成本。根据 Harding 等（2007）的测算，其中维护成本约占 2.5%；根据 Flavin 和 Yamashita（2002）的测算，相比起出租，持有房产的风险升水约占 2%。

最后，从住房市场供需双方的交易行为来看，本书第三章的研究表明，出租方和租房方之间的交易摩擦会影响购买和租赁两个市场的相对均衡。

O'sullivan 和 Gibb（2008）对住房持有成本进行了详尽的分析，特别是交易成本和搜索成本。交易成本不仅包括买卖双方和租客与户主之间的谈判成本，还包括与贷款机构和中间商的交易成本。

Linneman（1986）对出售房产所发生的交易成本进行了研究，认为其包括搜索成本、交易税和过户相关费用。实证研究表明，出售房产对于业主来说会发生约占房屋价值 12%的交易成本。Henderson 和 Ioannides（1986）认为，在房产交易时，过户交易和租赁都应当纳入时间维度来考虑。

此外，搬家成本在租赁过程中也不可忽视。对于低收入租户而言，平均的搬家费用约占月收入的 12%。相比过户交易，租赁交易会产生额外成本，如搬家成本、心理成本等（Hanushek and Quigley，1978；Weinberg et al.，1981）。Muth（1974）和 Chinloy（1980）发现，租赁交易导致户主和租客都需要付出大量的时间和成本。Courant（1978）和 Yinger（1981）认为，研究房产交易时应考虑到买卖和租赁双方的搜索问题。Abdulkadiroğlu 和 Sönmez（1999）认为，租赁交易存在摩擦，对于租客来说，由于换房的不确定性，导致租客不愿意轻易寻找新的房源。

关于出售和出租的选择问题，有学者从宏观的角度，通过研究通货膨胀以及对持有产权和租赁实施不同的税收政策来讨论售价和租价之间的关系。例如，从动态角度来看，通货膨胀对租价和售价的影响是不同的，加之对租赁和所有权过户差异化的税收政策，从而影响消费者选择购房还是租房，或者选择出售还是出租（Hendershott et al.，1980；Hendershott and Hu，1981；Hendershott and Shilling，1982）。此外，还有学者研究了政策规制对买和租两个住房市场的影响。研究政府干预楼市的经济学规范理论的文献通常关注政府在稳定市场、资源配置和公平等方面的角色（Kain，1974；Aaron and Von Furstenberg，1971）。例如，税收减免和贷款等相关政策导致低收入群体更倾向于租房而不是买房。Wallace（1892）将住房的价值分成了两部分，即"退出租金"（Quit Rent）和"租赁权利"（Tenant Right）。前者的意思是指如果某处房产的升值由其周边的自然资源、基础设施以及交通等公共资源所决定，则上升的价值应归国有；后者的意思是指如果房产的升值是因为户主或消费者通过自身努力改善了其居住质量，则这部分价值应当归个人私有。

就美国的税制来说，众多研究表明美国的房产税政策会导致很多消费者更倾向于选择拥有所有权而不是租房。消费者通过权衡购买和租赁所面临的不同税收和减免条件来进行最优选择（Rosen，1979；White and White，1977；Hendershott and Slemrod，1982；Follain and Ling，1991）。例如，Diamond 等（2019）通过对租金管制政策的研究发现，租金上限管制政策导致户主减少出租量，增加出售量，并增加了户主与租客之间的谈判成本。

就国外房产税对租赁交易的影响来看，Flavin 和 Yamashita（2002）发现房产税对户主和租客的影响是不同的。通常来讲，房产税降低了户主持有的房产的价值，但不会直接转嫁给租客。户主对租金的定价需要保障租金至少不低于出租管理成本。他们的研究发现，税收可导致较高的交易成本、中间交易商成本，进而使得出租和租赁之间的交易费用增加。

# 第三节 税收理论

从广义上来说，作为税收的一个子类，与住房相关的征税属于一种针对商品征税的间接税。在住房服务和收入可分（Separable）的效用函数前提下，间接税和直接税从某种程度上来说是等价的。例如，Atkinson 和 Stiglitz（1972）认为，如果对最终消费品施加一个统一的税率，则与对收入按某个统一税率征税的效果是等价的。如果所有消费品和收入都是一样的互补关系，则税率应当统一。

从总福利的角度来说，不论何种税收，其征税幅度都应当考虑需求弹性。如果某种消费品的需求弹性较高，则税率应当较低。并且，与闲暇互补性较高的商品，应当实行较高的税率（Deaton and Stern，1986）。Besley 和 Jewitt（1990）研究了商品和闲暇的可分性与最优税率的充分条件。

在西方国家，与房产及其交易相关的税种有很多类。由于住房同时具有消费和资产特性，因此与房产相关的税种，也可从消费和资产持有两个角度来区分，例如，自 1694 年起，英国税收系统就包含了对房产的交易环节进行征税的印花税（Stamp Duties）。在英格兰和苏格兰，所有的户主都需要缴纳基于市场价值进行评估的房屋税（Council Tax）。此外，住房服务税（Housing Service Tax，HST）是按照住房所提供的一系列消费价值进行征税的税种。

从经济学理论上来说，Mirrlees 和 Adam（2010）认为，对住房的消费特性不应当征收"增值税"，但对于房产的资产特性，应当征收"财产税"。

首先，对于居住或消费用途的房产交易，不应当被征税。从最大化社会总福利的角度来说，一个消费品（如住房）应当被最需要的人所消费。在一个自由市场中，与其他商品类似，竞争性均衡对应了帕累托最优，对住房的消费属性（及其交易）进行的征税则扭曲了消费资源的最优配置。其次，住房作为一种耐用品，可能会被交易多次。这样，对房产交易进行征税就意味着可能导致重复征税问题（Tobin，1978）。根据经济学理论，征税所引致的净损失与需求弹性相关，弹性越大，则导致损失越多（Ramsey，1927）。

不过，判断对住房的消费特性进行征税是否合理，这个标准并不好把握。一方面，住房是一种耐用品，其消费价值会随时间而变化；另一方面，如果仅对第一次交易进行征税，则会鼓励人们持久消费现有的房产，从而降低购买新房产的积极性。

但是，由于住房具有资产特性，所以对其征收财产税比较合理。第一，土地和建筑物相对缺乏弹性，对其征税不会对价格有很大的影响，不会在很大程度上改变人们的行为选择。由于住房的移动性差，因此在西方，对不动产征税是提高财政收入的主要途径之一。第二，房产不仅可以提供居住功能，也能对未来的消费提供保障。对于户主而言，住房是一种资产，所以应当按财产税进行征收；对于使用者或者租客而言，住房是一种消费品，所以征税应当按增值税来计算。对于居住在自有住房的户主而言，住房既是消费品也是资产。在英国，租客和居住自有住房的户主都需要缴纳财产税。而在美国和加拿大，通常只对户产业主进行征税。

就税收对所有权和租赁之间关系的影响而言，Anstie 等（1983）、Follain 和 Ling（1988）、Hendershott（1988）、Nordvik（2000）以及 Shao 和 White（2021）等发现户主通过比较相对成本来选择出租或出售。此外，Carlton（1981）考察了在存在住房空间差异化的情况下对住房进行的征税，此时不同区位的户主受征税的影响是不同的。

对于我国而言，除了上海和重庆的试点之外，尚未实施通常意义上的对产权保有环节征税。就上海和重庆的试点经验来看，Bai 等（2014）对上海和重庆的试点对房价的影响进行了实证评估，认为房产税试点降低了上海的房价，但提高了重庆的房价。其主要原因是，在上海，房产税试点主要施加在持有的第二套及以上的住房单位上，而在重庆，房产税试点主要针对高端住宅项目。因此，当政府宣布征收房产税试点之前，计划购买高档住宅的购房者会转而购买其他类型的住宅。但是，Du 和 Zhang（2015）认为房产税试点的抑价作用并不明显，且与减免条件密切相关。具体而言，他们发现限购政策使得北京的房价下降了 7 个百分点。重庆的房产税试点导致重庆的房价年增长率下降了 2.5 个百分点，而上海的试点对其房价无显著影响。这是因为在重庆，存量和新建住房均有可能被纳入房产税试点的征收范围内，而在上海，符合纳税条件的群体相对较少。

此外，我国学界也在财政收入、收入分配和征管手续等多方面对保有环节的房产税（或"物业税"）进行了探讨。从广义上来讲，除了保有环节之外，我国还对土地获取和流转等环节进行征税（刘佐，2006）。就保有环节的物业税而言，物业税在增加财政收入（夏杰长，2004），促进社会公平或调节收入差距（陈淮，2005），以及简化征税程序等方面具有积极效果。汪德华和季玉东

（2012）认为，基于上海和重庆的经验，对房产持有环节应当实施差异化征税，以调节市场供求关系。

## 第四节　限购与房价的相关研究

从理论上来说，限购对市场的影响最接近于对耐用消费品的配给约束。Howard（1977）从理论上研究了配给和限购。Denicolo 和 Garella（1999）研究了耐用品垄断厂商的行为，并认为对耐用品的配给（Rationing）会减少降低未来价格的动机，因此增加了垄断厂商的折现利润。Bulow 和 Klemperer（2012）研究了配给或限购对消费者的影响。

对于中国住房市场而言，根据李君甫和朱孔阳（2017）的研究，在北京，约有 14.6% 的流动人口购买了住房，且对于流动人口而言，其收入、教育、婚姻、职业和流动年限等因素对购房决策会产生重大的影响。对于我国部分城市所实施的限购政策，多数研究的关注点是限购对房价的影响机制。[①]

例如，Wu 等（2012，2016）研究了我国不同城市的房价，特别是限购之前我国房产的租金—售价比。Sun 等（2017）的实证研究表明，我国的住房价格以及价格—租金比由于实施限购政策而下降。刘江涛等（2012）分析了限购对抑制房价的影响机制。冯科和何理（2012）通过构建反需求函数，研究了限购政策的经济影响。王敏和黄滢（2013）从动态宏观的角度研究了限购对房价的影响。刘璐（2013）通过一般均衡分析，研究了限贷和限购对房价的影响。Du 和 Zhang（2015）通过对比上海和重庆的房产税实验的实证研究表明，限购政策比房产税对房价抑制的效果更明显。Cao 和 Hu（2016）通过模拟发现，限购政策降低了房价。Cao 等（2018）的研究表明，限购通过降低对未来房产的期望收益，从而抑制了消费者对房产的投资需求。Chen 等（2018）通过数值模拟，研究了限购政策对中国房价的动态影响机制。

在上述有关限购政策与房价的研究中，多数文献并没有明确构建不具备购房资质的个体的租房选择，以及供给者对售房和出租的选择。因此，结合本章提到的住房的耐用消费品特性，第三章在过户和租赁两种选择的基础上讨论了限购对

---

① 胡涛和孙振尧（2011）研究了在限购背景下支付意愿的异质性和社会福利的关系。

资源配置的影响。

## 第五节　政策规避与税负归宿

本书的第四章在研究购房持有数量的基础上，分析了潜在的避税行为。从避税的经济学理论来看，Slemrod 和 Yitzhaki（2002）与 Dharmapala（2017）系统研究并总结了避税的经济分析。其中，Slemrod 和 Yitzhaki（2002）提出，消费者针对间接税的避税行为相当于选择了另外一组消费品。Stiglitz（1985）认为，避税具有再分配效应，会将税负从一部分消费者那里转嫁到另一部分消费者身上。

从对比征税造成的影响以及避税对征税的反作用的影响机制上来说，Kopc-zuk（2001）的研究考虑了纳税个体具有异质性避税成本的情况，并在此基础上推导了最优所得税。该研究发现避税既有可能增进也有可能降低总福利，这取决于更容易避税的个体在计划者目标权重中的地位。Bulow 和 Klemperer（2012）研究了在配给或限购约束下，政策规避对总福利的影响。他们认为，规避限购可以在一定程度上抵消限购带来的净损失，但不同消费者的规避成本是不同的，因此规避行为对不同消费者会产生不同的福利效应。

就不同市场结构来说，征税对福利的影响机制完全不同。通常来说，在完全竞争市场和纯垄断市场这两个极端的市场结构下，税负归宿（Tax Incidence）已经被研究得比较透彻，但对于寡头市场而言，税负归宿并不明确（Häckner and Herzing，2016），其产生的福利效应取决于寡头市场的具体结构。Anderson 等（2001）、Auerbach 和 Hines（2002）、Weyl 和 Fabinger（2013）以及 Alexandrov 和 Spulber（2017）等对不完全竞争市场下特别是寡头市场结构中的税收效果进行了分析。

在第四章中，为了构建消费者对住房的离散数量选择（Discrete Choice Models），笔者拓展了水平差异化的寡头竞争模型。在基准的水平差异化模型中（Hotelling，1929），假设每个消费者只能购买一个单位产品（Irmen and Thisse，1998；D'aspremont et al.，1979；Böckem，1994；Economides，1989；Caplin and Nalebuff，1991）。在此基础上，Kim 和 Serfes（2006）将消费者选择的可能性拓展到可以购买两个单位产品，并研究了对应的最优定价策略。Jeitschko 等（2017）进而在多单位需求的基础上，考虑了价格歧视。Anderson 等（2017）考察了双寡头产品的功能互补性问题，并研究了购买多个单位产品时的价格策略。Shao（2020）在 kim 和 Serfes（2006）的基础上进一步考查了重复购买的可能性。以上关于购买多个单位产品的模型均假设消费者只有一个维度的异质性。本书第四章中，为了阐述二套房及其避税问题，笔者借鉴了 Kim 和 Serfes（2006）的方法，并在此基础上，进一步考虑了避税所产生的负效用这一额外维度的异质性。

## 第六节　配套资源

如前文所述，住房具有空间上的异质性，即不仅住房的居住条件本身存在空间异质性，而且根据其配套设施还会产生额外一个维度的空间异质性。从空间异质性的角度来说，城市经济学中经典的 Tiebout 理论研究了聚类（Sorting）问题（Tiebout，1956；Mieszkowski and Zodrow，1989；Brülhart et al.，2015）。Tiebout 模型认为，当一个城市内居民流动自由，不同区域竞争性地提供公共产品和服务设施的情况下，竞争性均衡会自动导致不同类别的居民在符合其偏好的区域内聚类。Barseghyan 和 Coate（2016）研究了动态的 Tiebout 模型。

世界上很多国家和地区的购房者都会考虑就近入学。[①] Nguyen-Hoang 和 Yinger（2011）研究了考虑择校情况下的购房行为。Ross 和 Yinger（1999）认为购房者的支付意愿取决于学校质量和住房质量的边际效用替代率。多数文献跟随 Rosen（1974）对特征价格法的研究，认为对学校支付意愿较高的消费者在均衡状态下会选择优质的教育配套资源。

在一些西方国家，入学机制并不只取决于购房，还具有较为多样化的分配机制（Pathak，2011）。Nechyba（1997）、Chen 和 West（2000）讨论了不同的投票机制对学区、聚类和教育的影响效果。Xu（2019）通过延迟接受算法（Deferred Acceptance）研究居住选择和聚类问题。同时，"同群效应"（Peer Effect）是影响择校行为的重要因素（Bogart and Cromwell，2000；De Bartolome，1990；Angrist and Lang，2004；Clapp et al.，2008；Avery and Pathak，2015）。

我国的相关研究多是从实证层面来分析教育资源对房价的影响，如石忆邵和

---

① 排除经济理论和房地产方面的考虑，就近入学的一个直接益处在于其为家长在通勤和交通方面提供了便利（Cushman，1951）。

王伊婷（2014）、董藩和董文婷（2017）、哈巍等（2015）、刘润秋和孙潇雅（2015）、于涛和于静静（2017）等。比较有代表性的是胡婉旸等（2014），其通过实证研究分析了住房的配套教育资源对房价的影响。

在第五章中，笔者提出可以采用根据教育表现而进行条件减免的措施，进而在最小化影响居住选择的前提下最大化教育产出。这种税收的逻辑与 Cremer 等（2010）以及 Shao（2021）的研究类似，考虑通过所得税等办法来间接提升教育产出。

对于住房和教育两个维度的匹配效率而言，第五章在瓦尔拉斯一般均衡模型中引入了二维匹配效率。Becker（1973）的研究将"正向匹配"（Positive Assortative Matching）引入了经济学分析。在匹配的视角下定义社会福利通常会用到"超模性质"（Shimer and Smith，2000）。Lindenlaub（2017）研究了多维类型下的匹配问题。关于搜寻和匹配理论的综述可见 Chade 等（2017）。

# 第三章

# 买卖和租赁交易对资源配置效率的影响

## 第一节　引论

在一个城市买房安家是每个人生活中的一件大事，而买房安家的一个前提是是否满足购房条件。自 2010 年以来，随着资产价格的攀升，我国部分城市出台了"限购"规定。

当提及"限购"时，人们往往首先想到的是其对需求或房价的控制作用。直观上来说，其他因素不变，限购降低了购房需求，在短期内导致需求曲线向下移动，使得均衡价格降低，从而达到名义上"控制房价"的目标。然而，该分析过程并不充分：房价只是交易双方的转移支付，并不能完全当作评价总福利的指标。我们需要进一步分析限购如何影响人们买房、卖房和租房的决策；哪种类型的市场参与主体会因限购收益或受损；限购对总福利的影响；等等。因此，为了全面评价限购对社会福利的影响，就需要一个更为微观和规范的理论分析。

假设在某一城市，对于被限购的人而言，虽然他们不能买房，但每个人必须有居住的地方，因此他们会选择租房。对于一个具有购房资质的买家而言，其最优选择应使得其购房的最后一单位数量带来的价值等于其支付的价格；同理，对于因限购而选择租房的人而言，租住的最后一单位数量带来的价值应等于其支付的租金。对于一个理性的供给者而言，在面对卖房和出租两个市场的时候，需要将手头的房产价值最大化。如果只卖不出租，则导致租房市场需求较高，卖房的收益不如出租的收益；如果供给者都选择出租，则降低了出租收益。因此，在一个竞争性市场中，对于额外一单位住房的供给，其在所有权交易和租房交易两个市场上的边际收益相同时，市场才能达到均衡。所以，相比起没有限购的状态而言，限购使得住房资源在买房和租房两个市场中进行了重新分配。本章就是从这一角度来分析限购对福利的影响。

与此同时，我国开始倡导"租购并举"的长效机制建设，重视租赁市场与租赁平台的完善。若对过户与租赁交易实施区别对待，就需要考察两个市场的均衡及其相互影响。比如，若对持有不动产进行征税，那出售不动产后，原所有者不需要交税；但对出租不动产的交易而言，并没有发生产权转移，则原所有者依然要交税；如果对所有权交易进行征税，那么供给者就会减少出售，增加出租；同理，如果对租赁交易进行征税，那么同等条件下，供给者就会减少出租量，增加出售量。

基于以上对理性个体交易行为的简要分析可知，对持有产权、所有权交易和租赁交易的征税会分别产生不同的福利效应，该分析过程的关键在于考察不同税种如何影响住房供给者的出租或出售决策。本章通过构建一个瓦尔拉斯市场，阐明限购对买卖和租赁交易的影响，并在此基础上讨论了不同征税方案对资源配置效率的影响。本章的基本结论是：限购导致了过多的所有权过户消费和过少的租赁消费；对保有环节征税仅起到了转移支付的作用但无法提高总福利；对所有权交易进行征税有助于缓解限购带来的影响，但同时导致了额外的影响；对租赁交易进行补贴可以使住房资源配置达到"次优"状态。

# 第二节　模型设置：基准配置

考虑一个具有较多流动人口的城市。在本章中，假设该城市总人口数量为一个常数 $N$，且 $N=n+m$，即在该城市中，具备购买不动产资格的人数为 $n$，不具备购买资格的人数为 $m$。假设在初始状态下，有 $Q$ 单位的不动产总存量，并由 $n_s$ 个居民所持有，其中每个人的禀赋为 $h_e$。对于具有购买资格的人而言，有 $n_b$ 数量的居民在初始状态下没有禀赋，因此他们必须从具有禀赋的居民手中进行购买。

假设个体的效用函数为拟线性（Quasi-Linear）。[①] 其中，拥有 $x$ 单位的所有

---

[①]　Shao 和 White（2021）考查了非拟线性效用下，以帕累托标准衡量社会福利的情形。

权可以获得 $u(x)$，即拥有产权的效用，且 $u(x)$ 是一个严格递增的凹函数（即 $du/dx>0$ 以及 $d^2u/dx^2<0$ 一定成立）。对于不具备购买资格的消费者而言，若需要在该城市停留或生存，则只能选择租房。令 $y$ 为一个代表性租户的租房数量，租房消费获得的效用为 $\theta u(y)$。基于现实背景，假设一个居民具备购买所有权的资质，则相比租赁而言，该居民严格偏好所有权而不是租赁，即 $0<\theta\leq1$。反之，一旦 $\theta>1$，则意味着大家都偏好租房而不是买房，那么限购规定就不会起作用。

在人口数量较多的城市，每个交易者都是价格接受者。每单位不动产交易价格记为 $p$，租赁交易价格记为 $p_y$。在该静态模型中，租赁价格 $p_y$ 表示的是租赁每单位不动产的现值。从需求方的角度来说，对于每一个没有禀赋但具备购买资格的消费者而言，其个体最优选择应满足 $u'(x)=p$，使得购买最后一单位不动产所获得的边际效用与其支付意愿相同。类似地，对于每一个没有购买资格的租户而言，其个体最优选择满足，$\theta u'(y)=p_y$，使得租赁最后一单位不动产所获得的边际效用等于单位租金。

从供给者的供给动机角度来说，供给者除了自己消费外，会将多余的数量进行出售或出租。出售一单位会获得 $p$。与一次性买卖交易所不同的是，对于出租而言，不动产在被出租的过程中，原所有者在一定程度上需要一直对其不动产负责。租赁供给者把自己的不动产暂时让渡给租赁需求者使用，在该不动产被他人所使用的过程中，户主会产生一定的管理成本和交易摩擦。例如，原所有者需要定期去收取租金，或者检查自己不动产的损耗情况。因此，我们将租赁供给方由于出租每单位不动产所发生的管理成本（或管理租赁的边际成本）记为 $(1-k)$ $p_y$，即每出租一单位的不动产，供给者收到的实际利润为 $kp_y$。假设 $0<k<1$，其中 $k$ 越小，租赁市场的摩擦程度越大，即参数 $k$ 体现了相比所有权交易而言，租房交易市场的不完美程度。

由于初始状态下具有不动产禀赋的消费者一定是具有购买资格的人，因此他们消费自己不动产所获得的居住效用为 $u(x)$。因此，对于每个具有禀赋的供给者而言，其利益最大化问题可记为：

$$\max_x u(x)+\max\{p, kp_y\}(h_e-x) \tag{3-1}$$

式（3-1）的第一项表示自己居住所获得的效用，第二项表示出售或出租所获得的利润。一个拥有较多不动产存量的居民在自住、出售和出租三个选项中选择对自己最有利的情况。

在竞争性均衡下，如果不动产所有权市场和租赁市场的均衡交易数量均为正，则根据供给和需求条件可得：

$$u'(x^*) = p^* = kp_y^* = k\theta u'(y^*) \tag{3-2}$$

其中，式（3-2）中第一个等号的含义是：在一个埃斯沃奇（Edgeworth）方框中，当两类具备购买资格的人的交易使双方的边际替代率相同时，交易达到均衡。式（3-2）中第二个等号的含义是：对于一个供给者而言，在所有权交易市场上额外供给一单位不动产和把额外一单位不动产供应到租赁市场上所获边际收益应当相同。否则，假如 $p > kp_y$，供给者将减少出租，增加出售；若 $p < kp_y$，供给者将减少出售，增加出租。在均衡条件下，在出租和出售两个市场上供应额外一单位不动产所带来的收益相同。式（3-2）中第三个等号的含义是：租户额外消费一单位不动产的边际效用在均衡条件下等于单位租金。

## 一、瓦尔拉斯均衡

对于具有购买资格的消费者而言，选择的商品数量必须使其边际效用等于价格；对于不具备购买资格的租户而言，租赁的数量必须使其边际效用等于租金；对于不动产供给者而言，把额外一单位不动产投放到所有权和租赁两个交易市场上所带来的边际收益应当相同。此外，根据瓦尔拉斯法则，总供给等于总需求，即市场出清条件成立。因此，该经济体的两个均衡消费量 $\{x^*, y^*\}$ 由式（3-2）和式（3-3）所决定。

$$nx^* = my^* = Q = n_s h_e \tag{3-3}$$

由于 $k\theta < 1$ 且 $u''(.) < 0$，通过式（3-2），即 $u'(x) = k\theta u'(y^*) < u'(y^*)$ 可知，$x^* > y^*$ 一定成立。也就是说，在限购约束下，均衡的过户消费量高于租赁消费量。此外，由于 $0 < k < 1$，可知 $u'(x^*) < \theta u'(y^*)$，即具备购买资格的居民对居住的边际效用在限购均衡的约束下小于不具备购买资格的租户的边际效用。然而，在一个有效率的资源配置下，所有消费者的边际效用应当相同。所以，限购均衡导致消费者的边际效用产生了差异，租户的边际效用较高，意味着如果额外配给租户一单位不动产，并减少所有权市场上的一单位不动产，可以提高社会整体效用。

为了比较限购均衡对资源配置效率的影响，首先引入如下几个资源配置基准模式。

## 二、社会最优

在没有限购约束的情况下，由于租赁市场存在管理成本和交易摩擦等问题，买方和卖方都严格偏好所有权交易。所以，所有的消费者都选择进行所有权交易而不是租赁交易。此时市场均衡为：

$$\begin{cases} u'(x^A) = p^A \\ Nx^A = Q \end{cases} \tag{3-4}$$

其中，上标 A 的含义为"All Options"。

通过式（3-4）可知，在自由市场的一般均衡下，所有消费者的边际效用相同，且都选择购买而不是租赁。相比限购均衡，即式（3-2）而言，$p^* < p^A$。因此，限购降低了过户价格，使得具备购买资格的买家获益。

## 三、最优消费

如上文所述，限购导致不同类型消费者的边际效用产生了差异，加之租赁交易不完美，进而导致了无效的资源配置，所以为了分析限购对不动产交易的影响，接下来将消费与租赁成本两部分拆开进行分析。假设一个社会计划者初始拥有所有不动产存量并直接分配，但其目标只包含最大化居住的总效用，不考虑租赁导致的管理成本。社会计划者选择 $x$ 和 $y$ 来最大化如下目标函数：

$nu(x) + m\theta u(y)$

将个体最优选择 $p = u'(x)$ 和 $p = \theta u'(y)$，以及资源约束 $nx + my = Q$ 代入计划者的上述最大化问题中，可得：

$$u'(x^C) = \theta u'(y^C) \tag{3-5}$$

其中，上标 C 表示消费效用最大化的福利目标（Consumption Optimal）。

由式（3-5）可知，最大化居住消费总效用时，每个消费者的边际效用应相同。同时，由于 $u'(x^C) \leq u'(y^C)$，可知 $x^C \geq y^C$。通过式（3-5）以及 $u'(x) = k\theta u'(y^*) < u'(y^*)$，可知 $y^* < y^C \leq x^C < x^*$ 一定成立。也就是说，相比起最大化居住效用的资源配置，限购导致租赁数量过低。所以，缩减过户交易和租赁交易之间的数量差，是一个可以缓解限购所带来的扭曲的方法。

## 四、次优配置

在结合最大化居住效用目标的基础上，考虑社会计划者的目标函数中包含出租的管理成本。社会计划者初始拥有 Q 单位的禀赋，且每出租给一个不具备购买资格的消费者，社会计划者获得 $kp_y$；每卖给一个具备购买资格的消费者，社会计划者获得 $p$。所以，计划者选择 $x$ 和 $y$ 来最大化如下的目标函数：

$$nu(x)+m\theta u(y)-(1-k)mp_y y$$

同时，个体最优条件满足 $p=u'(x)$ 和 $p=\theta u'(y)$。资源约束为 $nx+my=Q$。这样，次优（以上标 $B$ 表示，即 Second-Best）的资源配置满足：

$$u'(x^B)= k\theta u'(y^B)-(1-k)\theta u''(y^B)y^B$$
$$= \theta u'(y^B)-(1-k)\left[\theta u'(y^B)+\theta u''(y^B)y^B\right] \tag{3-6}$$

**定义 3-1**：令 $\mathrm{MR}(y)=p_y+y(dp_y/dy)=\theta u'(y)+\theta u''(y)y$ 为出租的边际收益，即额外向无购买资格的消费者出租一单位不动产所获得的边际收益。

**引理 3-1**：相比起最大化居住消费的资源配置（C），在次优的资源配置下，当 $\mathrm{MR}(y)>0$ 时，社会计划者应当增加过户交易并减少租赁交易；反之，当 $\mathrm{MR}(y)<0$ 时，计划者应当增加租赁并减少过户交易。即：

$$\mathrm{sign}\{x^B-x^C\}=-\mathrm{sign}\{y^B-y^C\}=\mathrm{sign}\{\mathrm{MR}(y^B)\}$$

不考虑管理成本的消费最优与考虑管理成本的次优配置的最大区别在于后者考虑到了租赁市场上由于出租成本导致的交易摩擦。如果出租的边际收益为正，意味着式（3-6）第二行的第二项为正，即出租导致的租赁成本较高，此时 $u'(x^B)<\theta u'(y^B)$。反之，若出租的边际收益为负，意味着式（3-6）第二行的第二项为负，即出租的边际成本较低，此时 $u'(x^B)>\theta u'(y^B)$。

对于引理 3-1 而言，可以通过具体的效用函数形式来直观化比较居住效用和租赁摩擦之间的关系。例如，常替代弹性（CRRA）的效用函数可表示为：

$$u(x)=\begin{cases} \dfrac{x^{1-\sigma}-1}{1-\sigma}, & \sigma\neq 1 \\[2mm] \log(x), & \sigma=1 \end{cases}$$

当系数 $\sigma>0$ 时，过户和租赁两个市场上的需求弹性可分别表示为 $\dfrac{u'(x)}{-xu''(x)}$ 以及 $\dfrac{\theta u'(y)}{-y\theta u''(y)}$。换言之，令 $\sigma=-\dfrac{u''(y)y}{u'(y)}$ 为租赁市场需求弹性的倒数，则 $\mathrm{MR}(y^B)>0$ 等价于 $0<\sigma<1$，此时 $y^B<y^C$。反之，$\mathrm{MR}(y^B)<0$ 等价于 $\sigma>1$，此时 $y^B>y^C$。总之，当 $0<\sigma<1$ 时，$x^B>x^C$ 以及 $y^B<y^C$ 一定成立；当 $\sigma=1$ 时，$x^B=x^C$ 以及 $y^B=y^C$ 一定成立；当 $\sigma>1$ 时，$x^B<x^C$ 以及 $y^B>y^C$ 一定成立。

**定理 3-1** 相比起以最大化社会总福利为目标的次优的资源配置，限购下的瓦尔拉斯一般均衡导致较低的租赁数量和过高的所有权交易数量，即 $x^* > x^B$ 并且 $y^B > y^*$。

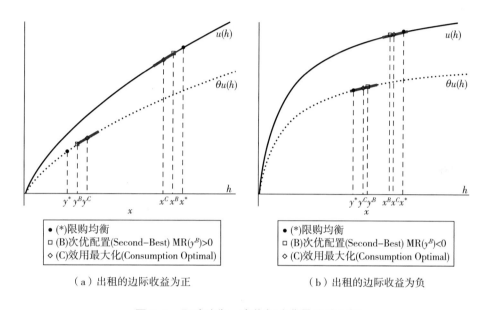

（a）出租的边际收益为正　　　（b）出租的边际收益为负

**图 3-1　限购均衡、次优与消费最优的比较**

图 3-1（a）和图 3-1（b）分别以 CRRA 函数形式为例，说明了当 MR（$y^B$）>0 和 MR（$y^B$）<0 时，消费最优、次优和限购均衡下的均衡消费数量。

通过对比两个基准配置，定理 3-1 和引理 3-1 反映了限购对福利的两类影响。首先，限购导致了过低的租赁交易。如果计划者最大化居住总效用，忽略出租市场产生的摩擦，则要求所有消费者的边际效用相同。其次，即使考虑到出租市场的摩擦，计划者在最大化社会福利的情况下，依然需要配置更多的租赁数量。但是，限购约束下的一般均衡要求供给者向两个市场供给的边际利润相同，这导致了供给者并没有完全"内部化"摩擦成本。

**五、再分配效应**

通过对比几个不同目标下的计划者最优配置问题可知，限购无论如何都没有达到福利最大化的配置。那么根据本章的模型，可推断现实中政府出台限购规定的潜在目的。

首先，在没有限购的情况下，社会最优的市场价格为 $p^* = u'(x^A)$。在限购约束下，均衡的交易价格为 $p^* = u'(x^*)$。显然，由于 $x^* > x^A$ 和 $u''(x) < 0$，可知 $p^* < p^A$，即限购规定降低了交易价格。这与名义上政府宣布限购的目标相符，即限制不动产价格过高，防止市场过热。

其次，虽然直观上来说，限购让部分消费者暂时不具备购买资格，但并不意味着具有购买资格的消费者一定因此获益。对于没有禀赋但具有购买资格的买家而言，毫无疑问，限购降低了价格，增加了过户并持有产权的不动产数量。

但是，对于具有购买资格且手中具有大量禀赋的供给者而言，限购虽然降低了自身消费的机会成本，但同时导致他们的不动产贬值而使其遭受损失。一方面，由于 $p^* < p^A$，供给者出售给具有购买资格的买家的单位价格降低；另一方面，由于 $p^* < kp_y$，供给者额外出租一单位的价格，不仅因限购本身导致总体价格水平的降低而直接受损，也因出租成本、管理费用和租赁市场摩擦而产生损失。

### 六、竞争性供给

在以上几个小节中，不动产存量 $Q$ 被假设为给定的。现实中，除了业主持有额外的不动产之外，还存在生产部门（如开发商）。假设生产部门是充分竞争的，令 $Q_s$ 为生产部门的产量。记生产部门的成本函数为 $C(Q_s)$，其随产量递增且是产量的凸函数。竞争性生产部门的长期利润为零，即则行业供给曲线为 $S(p) = \mathrm{MC}^{-1}(p)$，其中 MC 表示 $C(Q_s)$ 的导数，即边际成本。存在竞争性生产部门的消费最优和次优的资源配置的求解过程可参见本章数学附录。

接下来，考虑在分散市场决策下，给定限购这一规定，设计对不同交易的征税方案以提高总福利。具体而言，分别考虑下述三类举措：对持有和保有环节征税、对所有权交易环节征税以及对租赁交易征税或补贴。

# 第三节　产权保有环节

在本章的定义中，为了与交易税区别开来，本节考虑对持有不动产所有权的个体征收按当前市场价格成比例的税。例如，一个消费者如果持有 $h_e$ 单位的不动产，并出售 $x$ 单位，出租 $y$ 单位，自己消费 $h_e - x - y$ 单位，则该个体应当缴纳

$\tau_f p(h_e - x)$ 数量的税。其中，$\tau_f$ 表示税率。同理，对于具有购买资质但没有禀赋的买家而言，购买 $x$ 单位的不动产需要缴纳 $\tau_f px$ 数量的税。对于没有购买资质的租户而言，由于没有所有权，因此租户不需要缴税。需要注意的是，虽然本章中所有的税收（包括接下来的交易税）假设由卖家承担，但在竞争性均衡下，税负归宿将反映在价格中。

## 一、纯交换经济情形

**定理 3-2** 在不考虑生产的纯交换经济中，对持有产权征税对福利没有影响（Welfare-Neutral），其对均衡的消费数量也没有影响，仅仅是从供给者到财政收入之间的一种转移支付。

为了理解定理 3-2 即福利中性原理，考虑一个供给者的理性行为。一方面，假设一个供给者除了自己消费 $x$ 单位外，将其余的单位都出租。那么，该供给者可获得：

$$u(x) + kp_y(h_e - x) - \tau_f ph_e$$

另一方面，假如该供给者将除了自己消费之外的不动产都出售，而不是出租，则该供给者可获得：

$$u(x) + p[h_e - (1+\tau_f)x]$$

一个理性的供给者应当对自己消费和出售这两个选项无差异，这意味着：

$$kp_y^{\tau_f} = (1+\tau_f)p^{\tau_f} \tag{3-7}$$

从需求方的角度来说，对于一个购买 $x$ 单位且具有购买资质的消费者和一个租赁 $y$ 单位且没有购买资质的租户而言，其个体最优条件分别满足：

$$u'(x^{\tau_f}) = (1+\tau_f)p^{\tau_f}$$
$$\theta u'(y^{\tau_f}) = p_y^{\tau_f} \tag{3-8}$$

结合供给和需求方的理性选择［即式（3-7）和式（3-8）］，可知在一般均衡下：

$$u'(x^{\tau_f}) = k\theta u'(y^{\tau_f}) \Leftrightarrow (x^{\tau_f}, y^{\tau_f}) = (x^*, y^*) \tag{3-9}$$

式（3-9）即证明了定理 3-2。从直觉上来说，由于租户不交税，因此给定租金价格，租户需求的房屋数量并未直接受到影响。对于具有购买资格的买家而言，基于式（3-9）可知，$(1+\tau_f)p^{\tau_f} = p^*$。换言之，对持有产权征税仅仅改变了交易价格，但由于没有改变均衡消费数量，因此在对买卖双方的福利进行加总时，对总福利没有影响。

## 二、存在生产部门时的情形

通过定理3-2可知，在不考虑竞争性生产部门的情况下，均衡的消费数量不会随征税而改变，因此征税不改变总福利。然而，在存在生产部门的情况下，征税直接减少了不动产的供给数量，所以均衡的消费数量随着税的增加而递减，进而导致总福利下降。

**定理3-3** 相比起不征税的状态，对保有环节征税会降低总供给。此外，随着税率的增加，将导致：

（ i ）当且仅当 $MR(y^*)>0$ 时，出租总成本降低；

（ ii ）居住总效用（除去生产成本）降低；

（ iii ）总福利下降。

# 第四节 对过户交易征税

## 一、过户交易税

令 $\tau_x$ 表示交易税率，且假设 $0 \leqslant \tau_x \leqslant 1$，即对于卖家而言，以 $p$ 的市场价格出售 $x$ 数量的不动产需要缴纳 $\tau_x px$ 数量的税。从供给者的角度来说，每出售额外一单位不动产所获的利润为 $(1-\tau_x)p$；每出租额外一单位不动产所获的利润为 $kp_y$，因此 $(1-\tau_x)p^* = kp_y^*$。而供给者除了出售或者出租之外，需要自己消费一部分，这一部分自己消费的数量记为 $x_s$。因此，供给者选择 $x_s$ 来最大化如下问题：

$$u(x_s)+(1-\tau_x)p^*(h_e-x_s)$$

从需求方的角度来说，由于假设卖家交税，所以两类需求者的一阶条件分别为 $u'(x_b^*) = p^*$ 和 $\theta u'(y^*) = p_y^*$。结合供给者和需求方的最优化问题，可知在均衡情况下，下式成立：

$$u'(x_s^*) = (1-\tau_x)u'(x_b^*) = k\theta u'(y^*)$$

上式与资源约束 $n_s x_s^* + n_b x_b^* + my^* = Q$ 同时对税率 $\tau$ 进行微分，可得（详见本章数学附录）：

$$\frac{dx_s^*}{d\tau_x}>0,\quad \frac{dx_b^*}{d\tau_x}<0,\quad \frac{dy^*}{d\tau_x}>0$$

所以，在均衡时，对交易征税导致供给者自身消费数量和租赁需求数量上升，具备购买资质的消费者的过户需求数量下降。这意味着，交易税增加了租赁数量，使得租赁的边际效用下降；同时，交易税降低了具有购买资质的买家的均衡消费，导致其边际效用上升。从这方面来说，交易税缩减了两者的边际效用差值，在一定程度上缓解了限购约束带来的扭曲。

然而从两类具有购买资质的消费者来说，供给者消费数量和需求者消费数量之间的差异增加，其边际效用水平开始产生差异。这意味着，虽然交易税缩减了过户和租赁之间的边际效用之差，但额外对两类具有购买资质的消费者的边际效用产生了扭曲。

**定理 3-4**　相比起不征税的状态而言，增加过户交易税率，将导致：

（i）　当且仅当 $MR(y^*)>0$ 时，出租总成本上升；

（ii）　居住总效用提高；

（iii）　总福利上升。

定理 3-4 在本章中具有非常强的政策含义。虽然交易税在缓解限购带来的扭曲的同时，产生了新的扭曲，但至少可以找到某个正的税率，使得总福利提高。因此，接下来的一个重要问题是，这个最优交易税率应当满足什么条件？

**二、最优交易税**

由于交易税的增加在降低购买和租赁之间的边际效用的同时，增加了两类具有购房资质的消费者之间的边际效用之差，因此当对后者的扭曲超过前者的时候，总福利会因交易税的增加而下降。所以，在某些参数范围内，存在最优的交易税使得福利最大化。

本章以第二小节所表示的 CRRA 形式的效用函数为例，可求得最优交易税（内点解）的解析解。

**定理 3-5**　在限购约束下，如果效用函数为 CRRA 形式，则使福利最大化的最优过户交易税率为：

$$\tau_x^* = \frac{(1-k)\sigma}{\sigma+(1-\sigma)k+k(k\theta)^{-1/\sigma}(n_s/m)} \qquad (3-10)$$

为了直观理解式（3-10），考虑一种较为简单的情况，即当 $\sigma=1$ 时，CRRA 效用函数变为对数形式。此时，租赁市场上所发生的管理总成本是个不取决于税率的常数。此时，等式（3-10）可简化为：

$$\tau_x^* = \frac{(1-k)m}{m+n_s/\theta}$$

由上式可看出，最优税率随 $\theta$ 递增，随 $k$ 递减。更进一步地，考虑 $\theta=1$ 的一个特例（购买和租赁的消费技术相同）。从直观上来说，如果税率定为 $\tau_x=1-k$，则使得具备和不具备购买资质的两类买家的边际效用相同。然而，由于 $1-k>0$，供给者和具有购买资质的消费者的边际效用不同。将式（3-10）所求得的最优税率代入需求条件中，可知：

$$p_y^*(\tau_x^*) = \frac{n_s/k+m}{n_s+m}p^*(\tau_x^*)$$

另外，考虑租赁市场摩擦对选择最优税率的影响。假设不存在租赁摩擦，即 $k=1$ 时，租赁价格等同于出售价格。此时，即使是限购约束下的一般均衡，也达到了次优的资源配置效果。然而，随着 $k$ 的下降，给定 $\tau_x=0$，租赁价格与购买价格之间的差值开始增加，租赁交易数量逐步减少，从而导致无效配置。所以，交易税在一定程度上抵消了租金和售价之间的差值，从而弥补了边际效用的差异所导致的资源无效配置。

更一般地，定理 3-6 总结了最优税率的比较静态分析。

**定理 3-6** 最优税率，即式（3-10）是 $\theta$、$\sigma$ 和 $k$ 的函数，其比较静态为：

（i）最优交易税率随 $\theta$ 递增；

（ii）最优交易税率随 $\sigma$ 递增；

（iii）当 $\sigma \geq 1$ 时，最优税率随 $k$ 递减。当 $\sigma<1$ 时，最优税率在 $k$ 低于某个临界值时随 $k$ 递增，且当 $k$ 超过该临界值时，最优税率随 $k$ 递减。

首先，定理 3-6 的（i）和（ii）比较容易理解。对于（iii）而言，一方面，更高的 $k$ 对应着更少的租赁摩擦；但另一方面，较高的 $k$ 也会导致对租赁市场的供给增加。对第一个效应来说，如果 $k$ 越高，越应当提高税率来抵消过低的租赁数量所带来的效用扭曲。对第二个效应来说，过量的供给导致较高的市场摩擦，从而抵消了交易税的积极效果。但只有当 $\sigma$ 较小的时候，这样的抵消程度才对经济体更有利。

### 三、存在生产部门时的交易税

如果考虑竞争性的供给部门，那么除了存量之外，新供给的不动产数量为 $S[(1-\tau_x)p^*]$。此时，定理 3-4 依然成立，即至少可以找到一个正的交易税率，使得社会总福利比不干预的时候更高（详见本章数学附录）。

# 第五节　补贴租赁交易

## 一、租赁补贴与次优

与过户交易税类似，假设政府对租赁交易实施"租赁税"。供给者每出租一单位不动产，需要按照交易价格缴纳 $\tau_y p_y$ 的税，其中 $\tau_y$ 表示租赁税率。当然，$\tau_y$ 可以取负值，即租赁补贴：当 $\tau_y < 0$ 时，意味着供给者每出租一单位不动产，将收到 $\tau_y p_y$ 的租赁补贴。

与上一小节类似，考虑一个供给者的理性选择。额外向所有权市场卖出一单位可获得利润为 $p$；如果将该单位出租出去，则获得利润为 $(k-\tau_y)p_y$。所以，一个理性的供给者应当使这两个选项所带来的边际收益相同。从需求方的角度来说，两类买家的一阶条件分别为 $u'(x)=p$ 和 $\theta u'(y)=p_y$。瓦尔拉斯一般均衡要求：

$$u'(x)=(k-\tau_y)\theta u'(y^*)$$

**定理 3-7**　相比起不征税的均衡状态，提高租赁税率 $\tau_y$，将导致：

（i）当且仅当 $\mathrm{MR}(y^*)>0$ 时，出租总成本降低；

（ii）居住总效用的下降；

（iii）社会总福利下降。

根据定理 3-7，如果 $\tau_y < 0$，则增加对租赁交易的补贴减少了供给者向所有权市场的供应动机，从而增加了租赁市场的均衡消费量，减少了过户均衡数量。这样，租赁和过户之间的边际效用之差减少，居住消费总效用得以提高。

更进一步来说，我们发现，当选择最大化社会总福利的 $\tau_y$（记为 $\tau_y^*$）时，均衡的资源配置与第二小节中次优的资源配置是等价的。

**定理 3-8**　令租赁市场上的租赁需求弹性为：

$$e_y^*=-\left(\frac{dp_y}{dy^*}\right)^{-1}\frac{p_y^*}{y^*}$$

此时，若实施使福利最大化的租赁税率 $\tau_y^*=-(1-k)/e_y^*<0$，可使资源配置效率恢复到"次优"状态。

为了简要验证定理3-8，考虑一个特例，即 $\sigma=1$ 对应的对数效用函数形式。此时，最优租赁税率就是 $-(1-k)$。结合均衡条件 $u'(x^*)=(k-\tau_y^*)\theta u'(y^*)$ 可知，$u'(x^*)=\theta u'(y^*)$，即拥有所有权的边际效用等于租赁的边际效用。同时，租赁市场的管理总成本对税率的导数为常数，即 $MR(y^*)=0$。所以，在 $\sigma=1$ 的时候，最优的租赁补贴能使得租赁和过户的边际效用相同。此时，根据式（3-6），次优的资源配置同时等价于使居住消费最大化的资源配置，而且最优的租赁补贴使得边际效用趋同，这样完全抵消了在限购下供给者没有完全内部化租赁市场摩擦所导致的资源错配。

### 二、存在生产部门时的租赁税

如果考虑到竞争性的供给部门，则均衡条件应当考虑到：

$$nx^* + my^* = Q + S\left[(k-\tau_y)\theta u'(y^*)\right]$$

其中，$(k-\tau_y)\theta u'(y^*)=p^*$。此时，定理3-7和定理3-8依然成立（推导过程详见本章数学附录）。

# 第六节　模型拓展

### 一、存在空置的情形

在以上基本模型中，假设所有的不动产单位 $H$ 在瓦尔拉斯均衡中都要被消费掉。现实中，由于种种原因，存在空置（Vacancies）的可能性。本小节将证明，在存在空置可能性的情况下，上述基本结论依然成立。

假设在纯交换经济中，对于每向租赁市场供给一单位不动产，最终只有 $\zeta$ 被实际消费掉，即存在 $1-\zeta$ 暂时无法租出去的空置单位不动产。这样，资源总约束变为：

$$y^* = \zeta\frac{Q-nx^*}{m}$$

如果供给者一共向租赁市场供应一单位的不动产，租客消费 $\zeta$ 单位的非空置的不动产，并向供给者支付 $\zeta p_y$。考虑到租赁市场摩擦后，供给者实际收到 $k\zeta p_y$。如果供给者把这一单位的不动产全部投入所有权交易市场上，则获得 $p$。因此，供给者的无差异条件为：

$$p^* = k\zeta p_y^*$$

结合需求方的最优化条件，可得：

$$u'(x^*) = k\zeta\theta u'(y^*)$$

当存在租赁空置的情况下，使居住消费最大化的资源配置为：

$$u'(x^C) = \zeta\theta u'(y^C)$$

次优的资源配置方案为：

$$u'(x^B) = k\theta u'(y^B) - \zeta(1-k)\mathrm{MR}(y^B)$$

或者可整理为：

$$u'(x^B) = k\zeta\theta u'(y^B) - \zeta(1-k)\theta u''(y^B)y^B$$

## 二、城市化与流动人口

随着城市化进程的推进，存在大量的从农村迁往城市，以及从二三线城市迁往一线城市的流动人口，这些流动人口进入限购城市后，通常不具备购买不动产的资格。所以，在上文基础上，笔者不再假设人口总数不变。对于没有购买资格的消费者而言，他们可以自由选择留在限购城市并租房，或者离开限购城市。

具体而言，将所有可能进入限购城市但没有购买资格的消费者的数量标准化为测度1。在限购城市内生活，除了得到居住效用之外，还可以获得 $w$ 的净剩余。如果不进入该限购城市，在户籍所在地所获的效用（外部选项）标准化为0。所以，一个没有购买资格的人愿意停留在限购城市的条件为：

$$\theta u(y) - \theta u'(y)y + w \geq 0$$

由于每个个体所对应的外部条件 $w$ 是异质性的，假设 $w$ 的分布函数为 $F_w(\cdot)$，其密度函数为 $f_w(\cdot)$。此时，在限购城市内居住的没有购买资格的人口数量为：

$$m(y) = \int_{-\theta u(y)+\theta u'(y)y}^{+\infty} dF_w(w)$$

也就是说，没有购买资质的人口数量 $m(y)$ 不再是一个固定常数。随着居住条件的变化，限购城市内没有购买资质的人口数量与租房数量变化之间的关系为：

$$dm/dy = -\theta u''(y)yf_w[-\theta u(y)+\theta u'(y)y] > 0$$

考虑本章第二节中所引入的几个基准配置模式。首先是最大化居住消费效用的"消费最优"模式。计划者拥有所有的禀赋，选择 $x$ 和 $y$ 且最大化下式：

$$nu(x)+m(y)\theta u(y)-C\left[nx+m(y)y-Q\right]$$

其最优解满足：

$$u'(x^C)=\frac{m^C+m^{C'}y^Cu(y^C)/(u'(y^C)y^C)}{m^C+m^{C'}y^C}\theta u'(y^C)=MC(nc^C+m^Cy^C-Q)$$

其次，考虑到租赁市场的摩擦后，拥有所有禀赋的计划者最大化包括居住消费和管理成本在内的社会总福利，即：

$$\max_{x,y}nu(x)+m(y)\theta u(y)-C(nx+m(y)y-Q)-m(y)(1-k)p_yy+\int_{-\theta u(y)+p_yy}^{+\infty}wf_w(w)dw$$

其最优解满足：

$$u'(x^B)=k\theta u'(y^B)-\frac{(1-k)m^B\theta u''(y^B)y^B}{m^B+m^{B'}y^B}=MC(nx^B+m^By^B-Q) \tag{3-11}$$

为了与人口数量为固定时的状态进行比较，可将所有不具备购买资格的消费者人数分为两部分。具体来说，用 $\gamma(y)=\dfrac{m(y)}{m(y)+m'(y)y}$ 来表示既存的流动人口占总流动人口数的比例；用 $1-\gamma(y)=\dfrac{m'(y)y}{m(y)+m'(y)y}$ 来表示因 $y$ 的变化所导致的流动人口数量变化占流动人口总数的比例。这样，引理 3-1 可总结为：

相比起消费最优的资源配置，在次优的资源配置下，当 $\mathrm{MR}(y^B)>-\dfrac{1-\gamma^B}{\gamma^B}$ $\dfrac{\theta u(y^B)/y^B-kp_y^B}{1-k}$ 时，计划者应当增加过户交易，减少租赁交易；反之，计划者应当增加租赁数量。即：

$$\mathrm{sign}\{x^B-x^C\}=-\mathrm{sign}\{y^B-y^C\}=\mathrm{sign}\left\{\mathrm{MR}(y^B)+\frac{1-\gamma^B}{\gamma^B}\frac{\theta u(y^B)/y^B-kp_y^B}{1-k}\right\}$$

所以，即使考虑到流动人口的移居决策，定理 3-3 依然稳健。若对不动产的保有环节征税，将导致：

（i）当且仅当 $MR(y)>-p_y(1-\gamma)/\gamma$ 的时候，出租总成本降低；

（ii）居住总效用（除去生产成本）降低；

（iii）总福利下降。

对于过户交易税和租赁税的情况，基本结论不变，即至少可以找到一个正的过户交易税，使得总福利提高。此外，对租赁进行补贴，可以提高总福利，且最优的租赁补贴与次优的配置是等价的。

### 三、两阶段动态模型

随着时间的推移，虽然很多租房者在刚进入限购城市的前几年中无法获得购买资格，但一些长期在限购城市居住的租户可以逐渐获得购买资格。例如，缴纳社保的年限、工作性质和学历等条件达到一定临界值，则可以获得购买资格。因此在长期内，需要考虑目前没有获得购买资格的人未来获得购买资格的可能性。在当期，理性交易者都会预期到这一点，该预期进而影响了当期的交易价格及其均衡消费数量。

具体而言，模型分为两期，分别用下标 $t$ 和 $t+1$ 来表示。在第一期，供给者自己消费的数量为 $x_{s,t}$，具有购买资质的买家的购买数量为 $x_{b,t}$，不具备购买资质的租户的需求数量为 $y_t$。交易价格和租金价格分别表示为 $p_t$ 和 $p_{y,t}$。到了第二期，在第一期 $m$ 数量的租户中，有 $1-\xi$ 比例的人口获得了购买资质，其余租房人数为 $\xi m$。在第二期，卖家的自身消费数量为 $x_{s,t+1}$，新获得购买资质的消费者的需求数量为 $x_{b,t+1}$，未获得购买资质的消费者的需求数量为 $y_{t+1}$。交易价格和租金价格分别记为 $p_{t+1}$ 和 $p_{y,t+1}$。

对于两阶段的动态模型而言，为了求解前瞻性消费者的决策问题，需要采用逆向归纳法（Backward-Induction）先求出第二期的最佳决策，使得大家都预期到第二期的最佳决策，然后再求解第一期的决策。

第二期的均衡比较容易计算，比如，供给和需求条件与静态模型类似，唯一的区别在于不具备购买资格的消费者数量的差异。对于租户而言，其需求满足 $\theta u'(y_{t+1}) = p_{y,t+1}$；对于获得购买资质的消费者而言，包括初始状态下就具有购买资质的消费者，其自身消费数量满足 $u'(x_{t+1}) = p_{t+1}$。对于第二期的供给者而言，其包含第一期的供给者，以及第一期的买家，其供给决策满足 $p_{t+1} = kp_{t+1}$。因此，第二期的均衡由如下方程组成：

$$\begin{cases} u'(x_{t+1}^*) = k\theta u'(y_{t+1}^*) \\ [n+(1-\xi)m]x_{t+1}^* + \xi m y_{t+1}^* = Q \end{cases} \tag{3-12}$$

在第一期，没有购买资格的消费者的需求条件满足 $\theta u'(y_t) = p_{y,t}$。对于没有禀赋但具有购买资质的消费者而言，在第一期购买 $x_{b,t}$ 并在第二期消费 $x_{b,t+1}$，意味着在第二期卖出 $x_{b,t} - x_{b,t+1}$ 单位。所以，在第一期购买额外一单位的不动产所带来的所有价值为 $u'(x_{b,t}) - p_t + p_{t+1}$。对于第一期的供给者而言，其自身消费数量的选择与没有禀赋但有购买资质的消费者相同。此外，若第一期出租一单位，供给者获得 $kp_{y,t}$，并在第二期回收该单位后，第二期可获得 $p_{t+1}$ 或 $kp_{y,t+1}$；如果第一期把这个单位卖出去，则直接获得 $p_t$。所以，均衡条件下，需要 $p_t = kp_{y,t+1} + p_{t+1}$。这样，结合资源总约束，第一期的均衡条件为：

$$\begin{cases} \theta u'(y_t^*) = p_{y,t}^*, \quad u'(x_t^*) + p_{t+1}^* = p_t^* \\ p_t^* = kp_{y,t}^* + p_{t+1}^* \\ nx_t^* + my_t^* = Q \end{cases} \tag{3-13}$$

这样，式（3-12）和式（3-13）构成了两期动态模型的瓦尔拉斯一般均衡。

通过比较具有所有禀赋的社会计划者的最优配置问题可分析在动态环境下的资源配置效率问题。给定两期被限购的消费者身份，如果具有所有禀赋的计划者只最大化居住总效用，则其会选择两期的两类消费来最大化如下目标：

$$nu(x_t) + m\theta u(y_t) + [n + (1-\xi)m]u(x_{t+1}) + \xi m\theta u(y_{t+1})$$

约束条件为 $u'(x_t) = p_t$，$u'(x_{t+1}) = p_{t+1}$，$\theta u'(y_t) = p_{y,t}$，$\theta u'(y_{t+1}) = p_{y,t+1}$ 以及 $nx_t + my_t = Q$ 和 $[n + (1-\xi)m]x_{t+1} + \xi my_{t+1} = Q$。其最优解为：

$$u'(x_t^C) = \theta u'(y_t^C), \quad u'(x_{t+1}^C) = \theta u'(y_{t+1}^C) \tag{3-14}$$

换言之，如果不考虑租赁市场摩擦，仅仅最大化消费效用，则在每一期各类型消费者的边际效用应当相同。

如果考虑到租赁市场摩擦，则社会计划者需要求解如下问题：

$$nu(x_t) + m\theta u(y_t) + [n + (1-\xi)m]u(x_{t+1}) + \xi m\theta u(y_{t+1}) - m(1-k)p_{y,t}y_t - \xi m(1-k)p_{y,t+1}y_{t+1}$$

约束条件依然为 $u'(x_t) = p_t$，$u'(x_{t+1}) = p_{t+1}$，$\theta u'(y_t) = p_{y,t}$，$\theta u'(y_{t+1}) = p_{y,t+1}$ 以及 $nx_t + my_t = Q$ 和 $[n + (1-\xi)m]x_{t+1} + \xi my_{t+1} = Q$。其最优解为：

$$u'(x_t^B) = k\theta u'(y_t^B) - (1-k)\theta u''(y_t^B)y_t^B$$
$$u'(x_{t+1}^B) = k\theta u'(y_{t+1}^B) - (1-k)\theta u''(y_{t+1}^B)y_{t+1}^B \tag{3-15}$$

比较式（3-14）和式（3-15）可知，当 $\mathrm{MR}(y_t) > 0$ 时，相比只最大化居住消费效用的配置模式而言，次优要求更多的过户数量并减少租赁数量；反之当 $\mathrm{MR}(y_t) < 0$ 时，相比最大化居住消费效用的配置模式而言，次优要求更少的过户数量和更多的租赁数量。只有当 $\mathrm{MR}(y_t) = 0$ 时，两种模式的资源配置是等价的。

另外，相比限购约束下的瓦尔拉斯一般均衡，即式（3-12）和式（3-13）而言，不论是次优还是最大化消费效用的资源配置模式，在每一期都应当鼓励租房。所以，即使在两期动态环境下，限购仍然导致租赁减少，因而降低了总福利。

在限购下，如果两期对过户交易的征税税率分别为 $\tau_{x,t}$ 和 $\tau_{x,t+1}$，则第二期的均衡条件为：

$$u'(x_{s,t+1}^*) = (1-\tau_{x,t+1})p_{t+1}^*, \quad u'(x_{b,t+1}^*) = p_{t+1}^*$$
$$(1-\tau_{x,t+1})p_{t+1}^* = kp_{y,t+1}^*, \quad p_{y,t+1}^* = \theta u'(y_{t+1}^*)$$
$$nx_{s,t+1}^* + (1-\xi)mx_{b,t+1}^* + \xi my_{t+1}^* = Q \tag{3-16}$$

在第一期，均衡条件为：

$$u'(x_{s,t}^*) + (1-\tau_{x,t+1})p_{t+1}^* = (1-\tau_{x,t})p_t^*, \quad u'(x_{b,t}^*) + (1-\tau_{x,t+1}^*)p_{t+1}^* = p_t^*$$
$$(1-\tau_{x,t})p_t^* = kp_{y,t}^* + (1-\tau_{x,t+1})p_{t+1}^*, \quad p_{y,t}^* = \theta u'(y_t^*)$$
$$n_s x_{s,t}^* + n_b x_{b,t}^* + my_t^* = Q \tag{3-17}$$

通过本章数学附录，我们能够证明相比自由市场状态，至少存在某个正的过户交易税可以提高总福利。

类似地，如果给定限购的前提下，分别对两期的租赁交易价格开征 $\tau_{y,t}$ 和 $\tau_{y,t+1}$ 的税率，则第二期的均衡条件为：

$$u'(x_{t+1}^*) = p_{t+1}^*, \quad p_{t+1}^* = (k-\tau_{y,t+1})p_y^*, \quad \theta u'(y_{t+1}) = p_{y,t+1}^*$$
$$[n+(1-\xi)m]x_{t+1}^* + \xi my_{t+1}^* = Q \tag{3-18}$$

第一期的均衡条件为：

$$u'(x_t^*) + p_{t+1}^* = p_t^*, \quad \theta u'(y_t^*) = p_{y,t}^*, \quad p_t^* = (k-\tau_{y,t})p_{y,t}^* + p_{t+1}^*$$
$$nx_t^* + my_t^* = Q \tag{3-19}$$

对于两期模型而言，对租赁的补贴依然能够在提高居住总效用的同时，提高总福利（详见本章数学附录）。除此之外，以社会福利最大化为目标的最优租赁补贴，可以使得资源配置等价于次优的配置。

**定理3-9** 以 $e(y_t^*)$ 表示第 $t$ 期对租赁的需求弹性，则：

$$\text{sign}(\tau_{y,t}^* - \tau_{y,t+1}^*) = \text{sign}\{e'(y_t^*)\} \tag{3-20}$$

通过把静态模型拓展到两期的动态模型，可以更好地分析限购规定的"强度"对价格走势的影响。在静态模型中，通过比较均衡价格和没有限购规定时的价格可知，限购降低了价格，达到了预期的政策效果。在两期模型中，我们可通过 $\xi$ 的大小来评价限购规定的严厉程度。

例如，给定第一期的限购，消费者都预期到有 $m$ 的人口只能租不能买，则需求降低。但是，该限购规定的动态约束还取决于 $\xi$，如果 $\xi=1$，则第一期被限购的消费者永远无法购买；如果 $\xi=0$，则第一期被限购的消费者只是暂时不能购买，但他们在第二期可以购买；如果 $0<\xi<1$，则 $\xi$ 越小，意味着限购规定的动态持续性越低。

与静态模型不同的是，在第一期的交易中，大家都预期到第二期有 $1-\xi$ 比例的租户会变成购买者，所以第一期购买的数量取决于 $1-\xi$ 的大小。如果 $1-\xi$ 越大，意味着第二期的购买需求越强，第二期的价格相对而言更高。如果是这样，那就应当在第一期多买，并在第二期卖出。当买家都预期到这一点后，同时也抬高了第一期的销售价格。所以，全面理解限购对购买的影响，需要考察 $\xi$ 的变化对两期价格的影响。

在两期的模型中，第二期的价格为 $p_{t+1}$，第一期每单位不动产的交易价格为 $p_t$，但 $p_t$ 应当解读为考虑了第二期的不动产价格，而不仅仅是第一期本身的价格。所以，在该两阶段有限期模型中，更为准确地比较两期价格走势的指标应当为 $\{p_t/2,\ p_{t+1}\}$。

**定理 3-10** 限购约束降低了第一期的价格 $p_t$。同时，如果第二期取得购买资质的难度越高，即 $\xi$ 越大，则：

（i）第一期价格越低，即：

$$\frac{d}{d\xi}\left(\frac{p_t}{2}\right)<0$$

（ii）两期之间价格增幅越小，即：

$$\frac{d}{d\xi}\left(p_{t+1}-\frac{p_t}{2}\right)<0$$

（iii）投资需求降低，即：

$$\frac{d}{d\xi}\left(x_t^*-x_{t+1}^*\right)<0$$

其中，在本模型中，"投资需求"由 $x_t-x_{t+1}$，即第一期的购买数量减去第二期的自身消费数量的差值来表示。在第二期，更多的消费者具备了购买资格，等同于第二期的购买需求比第一期更高，并对价格上涨产生压力。当大家预期到这一点后，会增加当期的购买数量，以备在第二期能够以较高的价格出售。同时，第二期较高的价格意味着自身消费的机会成本较高，因此投资性需求增加。所以，定理 3-10 或者该两阶段模型不仅可以直接体现限购本身对价格的影响，也能以细微的方式体现出"限购政策的动态可持续性"对价格走势的影响。

### 四、偏好和禀赋的异质性

在现实中，供给者所拥有的禀赋存在差异。同时，被限购的人对租赁的偏好也存在差异。因此，考虑参数 $h_e \in [0, \bar{h}]$ 和 $\theta \in [\underline{\theta}, \bar{\theta}]$ 分别服从概率分布函数 $F_{he}(\cdot)$ 和 $F_\theta(\cdot)$，并在此异质性的假设上，考察几种基准配置模式。

首先，在竞争性均衡下，需求方的最优化条件满足 $u'(x^*) = p^*$ 以及 $\theta u'[y^*(\theta)] = p_y^*$。供给侧的最优化条件依然是 $p^* = k p_y^*$。资源约束为：

$$n\int_0^{\bar{h}} x^* dF_{he}(h_e) + m\int_{\underline{\theta}}^{\bar{\theta}} y^*(\theta) dF_\theta(\theta) = Q$$

其次，在次优配置下，计划者的目标函数为：

$$\max_{x, y(\theta)} n\int_0^{\bar{h}} u(x) dF_{he}(h_e) + m\int_{\underline{\theta}}^{\bar{\theta}} \theta u[y(\theta)] dF_\theta(\theta) - m(1-k) p_y \int_{\underline{\theta}}^{\bar{\theta}} y(\theta) dF_\theta(\theta)$$

$$(3-21)$$

约束条件为：$p_y = \theta u'(y(\theta))$ 和 $n\int_0^{\bar{h}} x dF_{he}(h_e) + m\int_{\underline{\theta}}^{\bar{\theta}} y(\theta) dF_\theta(\theta) = Q$。

式（3-21）的解为：

$$u'(x^B) = p_y^B - (1-k)\frac{\int_{\underline{\theta}}^{\theta} MR(y^B)\frac{dy^B}{dx} dF_\theta(\theta)}{\int_{\underline{\theta}}^{\theta} \frac{dy^B}{dx} dF_\theta(\theta)}$$

$$(3-22)$$

最后，最大化居住总消费的目标函数为：

$$\max_{x, y(\theta)} n\int_0^{\bar{h}} u(x) dF_{he}(h_e) + m\int_{\underline{\theta}}^{\bar{\theta}} \theta u(y(\theta)) dF_\theta(\theta)$$

此问题的解为：

$$u'(x^C) = \theta u'[y^C(\theta)]$$

比较式（3-22）和均衡条件可知，限购规定导致过低的租房数量和过高的过户数量，扭曲了配置效率。

此外，交易税和租赁税对福利的影响依然是稳健的。具体推导过程详见本章数学附录。总体而言，考虑异质性的模型有两点需要注意的地方：第一，竞争性均衡意味着所有租赁交易双方都是价格接受者。换言之，不论 $\theta$ 的取值大小如何，租赁的边际效用都等于最后一单位的租金价格，而均衡时的租金价格在该瓦尔拉斯均衡中只有一个（The Law of One Price）。第二，由于禀赋存在差异，因此对"买家"和"卖家"的数量的定义不再是固定的。例如，若均衡时过户量为 $x^*$，那么持有禀赋 $h_e > x^*$ 的人就是卖家，持有禀赋 $h_e < x^*$ 的人就是买家。

# 第七节　本章小结

本章研究了限购对市场均衡及其资源配置效率的影响。对不同消费者购买资质的限制导致被限购的消费者只能暂时选择租赁交易。在竞争性的均衡中，供给者需要使额外一单位的不动产在所有权交易和租赁交易两个市场中获得相同的边际收益。在这样的均衡中，由于租赁市场的交易和管理成本，导致租赁和所有权交易的边际效用不同，进而损害资源配置效率。在均衡状态下，租赁交易数量相比过户交易数量而言过低。

从再分配的角度而言，限购对没有购买资质的需求者不利，对具有购买资质的买家有利。同时，由于总需求降低，导致供给者的禀赋贬值，会遭受一定的损失。

在该均衡的基础上，如果对持有不动产进行征税，在不考虑生产部门的情况下，不会影响总福利；在考虑到竞争性生产部门的情况下，会降低总福利。如果对过户交易进行征税，则导致供给者减少出售，增加出租，从而在一定程度上缓解了限购对的买卖和租赁之间的扭曲，但同时导致了额外的扭曲，即有购买资格的卖家和买家之间的边际效用产生了差异。在限购下，如果对租赁交易进行补贴，则可以恢复"次优"的资源配置。

# 第八节　数学附录

## 一、定理3-3（产权持有税的性质）

给定税率 $\tau_f$，市场均衡条件为：

$$\begin{cases} u'(x^*) = (1+\tau_f)p^*, \quad \theta u'(y^*) = p_y^* \\ (1+\tau_f)p^* = kp_y^* \\ nx^* + my^* = Q + S(p^*) \end{cases} \tag{3-23}$$

社会总福利为：

$$W(\tau_f) = nu(x^*) + m\theta u(y^*) - C(nx^* + my^* - Q) - m(1-k)\theta u'(y^*)y^* \qquad (3-24)$$

式（3-23）对 $\tau_f$ 进行全微分，可得：

$$\frac{dy^*}{d\tau_f} = -\frac{1}{1+\tau_f} \frac{u'(x^*)u''(x^*)S'(u'/(1+\tau_f))}{(1+\tau_f)[nk\theta u''(y^*) + mu''(x^*)] - k\theta u''(x^*)u''(y^*)S'(u'/(1+\tau_f))} < 0$$

对于定理 3-3 的第（i）部分而言，式（3-24）的最后一项对 $\tau_f$ 求导可得（在 $\tau_f = 0$ 处）：

$$m(1-k)\mathrm{MR}(y^*)\frac{dy^*}{d\tau_f}$$

对于定理 3-3 的第（ii）部分而言，式（3-24）的前三项对 $\tau_f$ 求导可得（在 $\tau_f = 0$ 处）：

$$m(1-k)\theta u'(y^*)\frac{dy^*}{d\tau_f} < 0$$

对于定理 3-3 的第（iii）部分而言，式（3-24）对 $\tau_f$ 求导可得（在 $\tau_f = 0$ 处）：

$$\frac{dW}{d\tau_f}\bigg|_{\tau_f=0} = -m(1-k)\theta u''(y^*)y^*\frac{dy^*}{d\tau_f} < 0$$

## 二、定理 3-4（过户交易税的益处）

给定税率 $\tau_x$，均衡条件为：

$$\begin{cases} u'(x_s^*) = (1-\tau_x)p^* = (1-\tau_x)u'(x_b^*), \quad \theta u'(y^*) = p_y^* \\ (1-\tau_x)p^* = kp_y^* \\ n_s x_s^* + n_b x_b^* + my^* = Q \end{cases} \qquad (3-25)$$

社会总福利水平为：

$$W = n_s u(x_s^*) + n_b u(x_b^*) + m\theta u(y^*) - m(1-k)\theta u'(y^*)y^* \qquad (3-26)$$

式（3-25）对 $\tau_x$ 进行全微分，可得：

$$\frac{dy^*}{d\tau_x} = \frac{-n_b u'(x_b^*)u''(x_s^*)}{n_s k\theta(1-\tau_x)u''(x_b^*)u''(y^*) + n_b k\theta u''(x_s^*)u''(y^*) + m(1-\tau_x)u''(x_b^*)u''(x_s^*)} > 0$$

对于定理 3-4 的第（i）部分而言，式（3-26）的最后一项对 $\tau_x$ 求导可得（在 $\tau_x = 0$ 处）：

$$m(1-k)\mathrm{MR}(y^*)\frac{dy^*}{d\tau_x}$$

对于定理 3-4 的第（ii）部分而言，式（3-26）的前三项对 $\tau_x$ 求导可得（在 $\tau_x=0$ 处）：

$$m(1-k)\theta u'(y^*)\frac{dy^*}{d\tau_x}>0$$

对于定理 3-4 的第（iii）部分而言，式（3-26）对 $\tau_x$ 求导可得（在 $\tau_x=0$ 处）：

$$\frac{dW}{d\tau_x}\bigg|_{\tau_x=0}=-m(1-k)\theta u''(y^*)y^*\frac{dy^*}{d\tau_x}>0$$

考虑到竞争性供给时，式（3-25）需要额外考虑供给侧条件：

$$n_s x_s^* + n_b x_b^* + my^* = Q + S(u'(x_s^*))$$

此时，社会总福利为：

$$W=n_s u(x_s^*)+n_b u(x_b^*)+m\theta u(y^*)-C(n_s x_s^*+n_b x_b^*+my^*-Q)-m(1-k)\theta u'(y^*)y^*$$

$$(3-27)$$

对均衡条件进行全微分，可得：

$$\frac{dy^*}{d\tau_x}=-n_b u'(x_b^*)u''(x_s^*)\{n_s k\theta(1-\tau_x)u''(x_b^*)u''(y^*)+n_b k\theta u''(x_s^*)u''(y^*)+m$$

$$(1-\tau_x)u''(x_b^*)u''(x_s^*)-k\theta(1-\tau_x)u''(x_s^*)u''(x_b^*)u''(y^*)S'(u'(x_s^*))\}^{-1}$$

式（3-27）的最后一项对 $\tau_x$ 求导可得（在 $\tau_x=0$ 处）：

$$m(1-k)\mathrm{MR}(y^*)\frac{dy^*}{d\tau_x}$$

式（3-27）的前四项对 $\tau_x$ 求导可得（在 $\tau_x=0$ 处）：

$$m(1-k)\theta u'(y^*)\frac{dy^*}{d\tau_x}>0$$

式（3-27）对 $\tau_x$ 求导可得（在 $\tau_x=0$ 处）：

$$\frac{dW}{d\tau_x}\bigg|_{\tau_x=0}=-m(1-k)\theta u''(y^*)y^*\frac{dy^*}{d\tau_x}>0$$

考虑到流动人口的移居选择时，社会总福利为：

$$W=n_s u(x_s^*)+n_b u(x_b^*)+m\theta u(y^*)-C(n_s x_s^*+n_b x_b^*+my^*-Q)-m(1-k)\theta u'(y^*)y^*+\int_{-\theta u(y^*)+p_y^* y^*}^{+\infty}wf_w(w)dw$$

$$(3-28)$$

对均衡条件进行全微分，可得：

$$\frac{dy^*}{d\tau_x} = -n_b u'(x_b^*) u''(x_s^*) \{ n_s k\theta(1-\tau_x) u''(x_b^*) u''(y^*) + n_b k\theta u''(x_s^*) u''(y^*) +$$

$(m^* + m^{*'}y^*)(1-\tau_x) u''(x_b^*) u''(x_s^*) - k\theta(1-\tau_x) u''(x_s^*) u''(x_b^*) u''(y^*) S'(u'(x_s^*)) \}^{-1} > 0$

式（3-28）的第五项对$\tau_x$求导可得（在$\tau_x = 0$处）：

$$(m^* + m^{*'}y^*)(1-k) \left[ \gamma^* \mathrm{MR}(y^*) + (1-\gamma^*)\theta u'(y^*) \right] \frac{dy^*}{d\tau_x}$$

式（3-28）的前四项对$\tau_x$求导可得（在$\tau_x = 0$处）：

$$(m^* + m^{*'}y^*) \left[ \gamma^*(1-k)\theta u'(y^*) + (1-\gamma^*)(\theta u'(y^*)/y^* - kp_y^*) \right] \frac{dy^*}{d\tau_x} > 0$$

式（3-28）的最后一项对$\tau_x$求导可得：

$$-m^{*'} \left[ \theta u(y^*) - p_y^* y^* \right] \frac{dy^*}{d\tau_x}$$

式（3-28）对$\tau_x$求导可得（在$\tau_x = 0$处）：

$$\frac{dW}{d\tau_x}\bigg|_{\tau_x = 0} = -m^*(1-k)\theta u''(y^*) y^* \frac{dy^*}{d\tau_x} > 0$$

### 三、定理 3-5（最优过户交易税）

根据 CRRA 效用函数，可知当$\sigma \neq 1$时，$u'(x) = x^{-\sigma}$；当$\sigma = 1$时，$u'(x) = 1/x$。则均衡，即式（3-25）的特殊效用函数表达形式为：

$$\begin{cases} x_s^{*-\sigma} = (1-\tau_x) x_b^{*-\sigma} \\ x_s^{*-\sigma} = k\theta y^{*-\sigma} \\ n_s x_s^* + n_b x_b^* + my^* = Q \end{cases} \Rightarrow \begin{cases} x_s^* = Q \left[ n_s + (1-\tau_x)^{1/\sigma} n_b + (k\theta)^{1/\sigma} m \right]^{-1} \\ x_b^* = (1-\tau_x)^{1/\sigma} x_s^* \\ y^* = (k\theta)^{1/\sigma} x_s^* \end{cases}$$

总福利对$\tau_x$的一阶导数为：

$$\frac{dW}{d\tau_x} = n_s x_s^{*-\sigma} \frac{dx_s^*}{d\tau_x} + n_b x_b^{*-\sigma} \frac{dx_b^*}{d\tau_x} + n\theta y^{*-\sigma} \frac{dy^*}{d\tau_x} - (1-k)(1-\sigma)m\theta y^{*-\sigma} \frac{dy^*}{d\tau_x} \quad (3-29)$$

其中：

$$\frac{dx_s^*}{d\tau_x} = \frac{n_b(1-\tau_x)^{1/\sigma-1} Q}{\sigma \left[ n_s + (1-\tau_x)^{1/\sigma} + (k\theta)^{1/\sigma} m \right]^2}$$

$$\frac{dx_b^*}{d\tau_x} = \frac{-(1-\tau_x)^{1/\sigma-1} \left[ n_s + (k\theta)^{1/\sigma} m \right] Q}{\sigma \left[ n_s + (1-\tau_x)^{1/\sigma} + (k\theta)^{1/\sigma} m \right]^2}$$

$$\frac{dy^*}{d\tau_x} = \frac{(k\theta)^{1/\sigma} n_b (1-\tau_x)^{1/\sigma-1} Q}{\sigma [n_s + (1-\tau_x)^{1/\sigma} + (k\theta)^{1/\sigma} m]^2}$$

因此，当式（3-29）取零值时，可解得定理 3-5 中所示的最优税率。

### 四、定理 3-6（最优交易税的比较静态）

根据定理 3-5 中所示的最优税率，对 $\theta$ 求导，可得：

$$\frac{d\tau_x^*}{d\theta} = \frac{(1-k) n_s k (k\theta)^{-1/\sigma}}{[k+\sigma(1-k)+k(k\theta)^{-1/\sigma} n_s/m]^2 \theta m} > 0$$

最优税率对 $\sigma$ 求导，可得：

$$\frac{d\tau_x^*}{d\sigma} = \frac{(1-k) mk (n_s (\sigma - \ln(k\theta))(k\theta)^{-1/\sigma} + m\sigma)}{[-n_s k (k\theta)^{-1/\sigma} - m(k+\sigma(1-k))]^2 \sigma} > 0$$

最优税率对 $k$ 求导，其符号等同于分子的符号（分母是二次方形式并大于零）：

$$-m[n_s(\sigma - (1-k))(k\theta)^{-1/\sigma} + m\sigma] \tag{3-30}$$

当 $\sigma \geq 1$ 时，式（3-30）为负。当 $0 < \sigma < 1$，且 $k$ 充分接近于 0 时，式（3-30）的符号为正；当 $k$ 充分接近 1 时，式（3-30）的符号为负。当 $0 < k < 1$ 时，其随 $k$ 递减。

### 五、定理 3-7（租赁交易税的益处）

给定税率 $\tau_y$，均衡条件为：

$$\begin{cases} u'(x^*) = p^*, \quad \theta u'(y^*) = p_y^* \\ p^* = (k-\tau_y) p_y^* \\ nx^* + my^* = Q \end{cases} \tag{3-31}$$

社会总福利水平为：

$$W = nu(x^*) + m\theta u(y^*) - m(1-k)\theta u'(y^*) y^* \tag{3-32}$$

式（3-31）对 $\tau_y$ 进行全微分，可得：

$$\frac{dy^*}{d\tau_y} = \frac{m\theta u'(y^*)}{mu''(x^*) + n(k-\tau_y)\theta u''(y^*)} < 0$$

对于定理 3-7 的第（i）部分而言，式（3-32）最后一项对 $\tau_y$ 求导，并把 $\tau_y = 0$ 代入，可得：

$$m(1-k)\mathrm{MR}(y^*)\frac{dy^*}{d\tau_y}$$

对于定理3-7的第（ii）部分而言，式（3-32）前两项对$\tau_y$求导，并把$\tau_y=0$代入，可得：

$$m(1-k)\theta u'(y^*)\frac{dy^*}{d\tau_y}<0$$

对于定理3-7的第（iii）部分而言，式（3-32）对$\tau_y$求导，并把$\tau_y=0$代入，可得：

$$\frac{dW}{d\tau_y}\bigg|_{\tau_y=0}=-m(1-k)\theta u''(y^*)y^*\frac{dy^*}{d\tau_y}<0$$

考虑到竞争性生产部门时，社会总福利表达式为：

$$W=nu(x^*)+m\theta u(y^*)-C(nx^*+my^*-Q)-m(1-k)\theta u'(y^*)y^* \tag{3-33}$$

对均衡条件进行全微分，可得：

$$\frac{dy^*}{d\tau_y}=\frac{\theta u'(y^*)[n-u''(x^*)S'(u'(x^*))]}{mu''(x^*)+\theta u''(y^*)(k-\tau_y)[n-u''(x^*)S'(u'(x^*))]}<0$$

式（3-33）最后一项对$\tau_y$求导，并把$\tau_y=0$代入，可得：

$$m(1-k)\mathrm{MR}(y^*)\frac{dy^*}{d\tau_y}$$

式（3-33）前三项对$\tau_y$求导，并把$\tau_y=0$代入，可得：

$$m(1-k)\theta u'(y^*)\frac{dy^*}{d\tau_y}<0$$

式（3-33）对$\tau_y$求导，并把$\tau_y=0$代入，可得：

$$\frac{dW}{d\tau_y}\bigg|_{\tau_y=0}=-m(1-k)\theta u''(y^*)y^*\frac{dy^*}{d\tau_y}<0$$

考虑到没有购买资格的个体的移居决策时，社会总福利表达式为：

$$W=nu(x^*)+m^*\theta u(y^*)-C(nx^*+m^*y^*-Q)-m^*(1-k)\theta u'(y^*)y^*+\int_{-\theta u(y^*)+p_y^*y^*}^{+\infty}wf_w(w)dw \tag{3-34}$$

对均衡条件进行全微分，可得：

$$\frac{dy^*}{d\tau_y}=\frac{\theta u'(y^*)[n-u''(x^*)S'(u'(x^*))]}{(m^*+m^{*'}y^*)u''(x^*)+\theta u''(y^*)(k-\tau_y)[n-u''(x^*)S'(u'(x^*))]}<0$$

式（3-34）第四项对$\tau_y$求导，并把$\tau_y=0$代入，可得：

$$(m^*+m^{*'}y^*)(1-k)\left[\gamma^*\,\mathrm{MR}(y^*)+(1-\gamma^*)\theta u'(y^*)\right]\frac{dy^*}{d\tau_y}$$

式（3-34）前三项对$\tau_y$求导，并把$\tau_y=0$代入，可得：

$$(m^*+m^{*'}y^*)(1-k)\left[\gamma^*(1-k)\theta u'(y^*)+(1-\gamma^*)(\theta u'(y^*)/y^*-kp_y^*)\right]\frac{dy^*}{d\tau_y}<0$$

式（3-34）对$\tau_y$求导，并把$\tau_y=0$代入，可得：

$$\left.\frac{dW}{d\tau_y}\right|_{\tau_y=0}=-m^*(1-k)\theta u''(y^*)y^*\,\frac{dy^*}{d\tau_y}<0$$

其中，我们需要利用：

$$\frac{d}{d\tau_y}\left[\int_{-\theta u(y^*)+p_y^*y^*}^{+\infty}wf_w(w)dw\right]=-m^{*'}\left[\theta u(y^*)-\theta u'(y^*)y^*\right]\frac{dy^*}{d\tau_y}$$

## 六、定理 3-8（最优租赁补贴与次优配置）

社会总福利，即式（3-32）对$\tau_y$的一阶导数为：

$$\frac{dW}{d\tau_y}=nu'(x^*)\frac{dx^*}{d\tau_y}+m\theta u'(y^*)\frac{dy^*}{d\tau_y}-(1-k)m\theta\mathrm{MR}(y^*)\frac{dy^*}{d\tau_y} \qquad (3-35)$$

根据均衡条件，即式（3-31），式（3-35）可化简为：

$$m\theta\left[\tau_yu'(y^*)-(1-k)u''(y^*)y^*\right]\frac{dy^*}{d\tau_y}$$

因此，当$dW/d\tau_y=0$时，可得：

$$\tau_y^*=(1-k)\frac{u''(y^*)y^*}{u'(y^*)}$$

再根据定理 3-8 中对租赁需求弹性的定义，即$e_y^*=-\dfrac{\theta u'(y^*)}{\theta u''(y^*)y^*}$，可证明定理 3-8 中最优租赁税的表达式。再将最优租赁税的表达式代入到均衡条件式（3-31）中，可知$u'(x^*)=(k-\tau_y^*)\theta u'(y^*)$等价于次优下的资源配置。

考虑到竞争性生产部门时，式（3-33）对$\tau_y$求导并令其表达式等于 0，可解得最优租赁税的表达式等同于：

$$\tau_y^*=-(1-k)/e_y^*$$

考虑到流动人口的内生移居决策时，总福利，即式（3-34）对$\tau_y$的一阶导数为：

$$\left[\left(m^*+m^{*'}y^*\right)\tau_y\theta u'\left(y^*\right)-(1-k)m^*\theta u''\left(y^*\right)y^*\right]\frac{dy^*}{d\tau_y}$$

令上式等于 0，可解得最优租赁税为：

$$\tau_y^*=(1-k)\frac{m^*}{m^*+m^{*'}y^*}\frac{\theta u''\left(y^*\right)y^*}{\theta u'\left(y^*\right)}$$

此时，若将上述最优租赁税代入均衡条件，可以发现，整理后其与次优的配置，即式（3-11）是等价关系。

对于 CRRA 形式的效用函数而言，与定理 3-5 的证明过程类似。求得均衡条件为：

$$\begin{cases}x^{*-\sigma}=(k-\tau_y)y^{*-\sigma}\\nx^*+my^*=Q\end{cases}\Rightarrow\begin{cases}x^*=Q\left[n+\left(\theta(k-\tau_y)\right)^{1/\sigma}m\right]^{-1}\\y^*=\left[\theta(k-\tau_y)\right]^{1/\sigma}x^*\end{cases}$$

总福利对 $\tau_y$ 的一阶导数为：

$$\frac{dW}{d\tau_y}=nx^{*-\sigma}\frac{dx^*}{d\tau_y}+m\theta y^{*-\sigma}\frac{dy^*}{d\tau_y}-(1-k)(1-\sigma)m\theta y^{*-\sigma}\frac{dy^*}{d\tau_y}\qquad(3-36)$$

其中：

$$\frac{dx^*}{d\tau_y}=\frac{\theta^{1/\sigma}\left(k-\tau_y\right)^{1/\sigma-1}mQ}{\sigma\left[n+\left(\theta(k-\tau_y)\right)^{1/\sigma}m\right]^2}$$

$$\frac{dy^*}{d\tau_y}=-\frac{\theta^{1/\sigma}\left(k-\tau_y\right)^{1/\sigma-1}nQ}{\sigma\left[n+\left(\theta(k-\tau_y)\right)^{1/\sigma}m\right]^2}$$

因此，通过一阶导数条件（3-36）可解得最优租赁税为：

$$\tau_y^*=-(1-k)\sigma$$

## 七、动态模型中的过户交易

两阶段模型的总福利为：

$$n_su\left(x_{s,t}^*\right)+n_bu\left(x_{b,t}^*\right)+m\theta u\left(y_t^*\right)+nu\left(x_{s,t+1}^*\right)+(1-\xi)mu\left(x_{b,t+1}^*\right)+\xi m\theta u\left(y_{t+1}^*\right)-m$$
$$(1-k)\theta u'\left(y_t^*\right)y_t^*-\xi m(1-k)\theta u'\left(y_{t+1}^*\right)y_{t+1}^*\qquad(3-37)$$

通过对均衡条件，即式（3-16）和式（3-17）进行全微分，可得：

$$\frac{dy_{t+1}^*}{d\tau_{x,t}}=0,\quad\frac{dy_{t+1}^*}{d\tau_{x,t+1}}>0,\quad\frac{dy_t^*}{d\tau_{x,t}}>0,\quad\text{以及}\quad\frac{dy_t^*}{d\tau_{x,t+1}}$$

式（3-37）中出租管理总成本项对第一期税率的导数为（当税率为零时）：

$$m(1-k)\theta\mathrm{MR}\left(y_t^*\right)\frac{dy_t^*}{d\tau_{x,t}}$$

式（3-37）中出租管理总成本项对第二期税率的导数为（当税率为零时）：

$$\xi m(1-k)\theta MR(y_t^*)\frac{dy_{t+1}^*}{d\tau_{x,t+1}}$$

式（3-37）中居住总效用对第一期税率的导数为（当税率为零时）：

$$m(1-k)\theta u'(y_t^*)\frac{dy_t^*}{d\tau_{x,t}}>0$$

式（3-37）中居住总效用对第二期税率的导数为（当税率为零时）：

$$\xi m(1-k)\theta u'(y_{t+1}^*)\frac{dy_{t+1}^*}{d\tau_{x,t+1}}>0$$

式（3-37）整体对第一期税率的导数为（当税率为零时）：

$$\frac{dW}{d\tau_{x,t}}=-m(1-k)\theta u''(y_t^*)y_t^*\frac{dy_t^*}{d\tau_{x,t}}>0$$

式（3-37）整体对第二期税率的导数为（当税率为零时）：

$$\frac{dW}{d\tau_{x,t+1}}=-\xi m(1-k)\theta u''(y_{t+1}^*)y_{t+1}^*\frac{dy_{t+1}^*}{d\tau_{x,t+1}}>0$$

## 八、动态模型中的租赁交易

两阶段模型的总福利为：

$$nu(x^*)+m\theta u(y_t^*)+[n+(1-\xi)m]u(x_{t+1}^*)+\xi m\theta u(y_{t+1}^*)-m(1-k)\theta u'(y_t^*)y_t^*-\xi m$$

$$(1-k)\theta u'(y_{t+1}^*)y_{t+1}^* \tag{3-38}$$

通过对均衡条件，即式（3-18）和式（3-19）进行全微分，可得：

$$\frac{dy_{t+1}^*}{d\tau_{y,t}}=0,\quad \frac{dy_{t+1}^*}{d\tau_{y,t+1}}<0,\quad \frac{dy_t^*}{d\tau_{y,t+1}}=0,\quad \text{以及}\frac{dy_t^*}{d\tau_{x,t}}<0$$

式（3-38）中出租管理总成本项对第一期税率的导数为（当税率为零时）：

$$m(1-k)\theta MR(y_t^*)\frac{dy_t^*}{d\tau_{y,t+1}}$$

式（3-38）中出租管理总成本项对第二期税率的导数为（当税率为零时）：

$$\xi m(1-k)\theta MR(y_{t+1}^*)\frac{dy_{t+1}^*}{d\tau_{y,t+1}}$$

式（3-38）中居住总效用对第一期税率的导数为（当税率为零时）：

$$m(1-k)\theta u'(y_{t+1}^*)\frac{dy_t^*}{d\tau_{y,t}}<0$$

式（3-38）中居住总效用对第二期税率的导数为（当税率为零时）：

$$\xi m(1-k)\theta u'(y_{t+1}^*)\frac{dy_{t+1}^*}{d\tau_{y,t+1}}<0$$

式（3-38）整体对第一期税率的导数为（当税率为零时）：

$$\frac{dW}{d\tau_{y,t}}=-m(1-k)\theta u''(y_t^*)y_t^*\frac{dy_t^*}{d\tau_{y,t}}<0$$

式（3-38）整体对第二期税率的导数为（当税率为零时）：

$$\frac{dW}{d\tau_{y,t+1}}=-\xi m(1-k)\theta u''(y_{t+1}^*)y_{t+1}^*\frac{dy_{t+1}^*}{d\tau_{x,t+1}}>0$$

此外，使社会福利最大化的租赁交易税为：

$$\tau_{y,t}^*=-(1-k)/e_t^*$$

$$\tau_{y,t+1}^*=-(1-k)/e_{t+1}^*$$

此时，社会总福利与次优配置等价。

## 九、定理 3-9（购买资格的变化）

计算总福利，即式（3-38）对每阶段的租赁税率的一阶导数条件，并解得两期税率的表达式，即第一期为：

$$\frac{\partial W}{\partial\tau_{y,t}}=-m(k-\tau_{y,t})\theta u'(y_t^*)\frac{dy_t^*}{d\tau_{y,t}}+\left[m\theta u'(y^*)-m(1-k)\theta\mathrm{MR}(y_t^*)\right]\frac{dy_t^*}{d\tau_{y,t}}=0$$

第二期为：

$$\frac{\partial W}{\partial\tau_{y,t+1}}=-\xi m(k-\tau_{y,t+1})\theta u'(y_{t+1}^*)\frac{dy_{t+1}^*}{d\tau_{y,t+1}}+\left[\xi m\theta u'(y_{t+1}^*)-\xi m(1-k)\theta\mathrm{MR}(y_{t+1}^*)\right]$$

$$\frac{dy_{t+1}^*}{d\tau_{y,t+1}}=0$$

通过上述两式可解得：$\tau_{y,t}^*=-(1-k)/e_t^*$ 和 $\tau_{y,t+1}^*=-(1-k)/e_{t+1}^*$。

在均衡条件下，$u'(x_{t+1}^*)=k\theta u'(y_{t+1}^*)$ 以及 $[n+(1-\xi)m]x_{t+1}^*+\xi my_{t+1}^*=Q$ 成立，对此二式进行全微分，可得：

$$\frac{dy_{t+1}^*}{d\xi}=\frac{m(x_{t+1}^*-y_{t+1}^*)u''(x_{t+1}^*)}{\xi mu''(x_{t+1}^*)+[n+(1-\xi)m]k\theta u''(y_{t+1}^*)}>0 \tag{3-39}$$

式（3-39）意味着，只有当 $\xi=1$ 时，$y_t^*=y_{t+1}^*$。所以当 $\xi<1$ 时，$y_t^*>y_{t+1}^*$。因此，在取最优租赁税的时候，$d\tau_{y,t}^*/d\xi$ 的符号与 $e'(y_t^*)$ 的符号相同。这就证明了

式（3-20）。

## 十、定理3-10（价格变化）

对两期的均衡条件进行全微分，可得式（3-39），以及以下二式：

$$\frac{dx_{t+1}^*}{d\xi} = \frac{mk\theta(x_{t+1}^* - y_{t+1}^*)u''(y_{t+1}^*)}{\xi mu''(x_{t+1}^*) + [n + (1-\xi)m]k\theta u''(y_{t+1}^*)} > 0 \tag{3-40}$$

$$\frac{dp_{t+1}^*}{d\xi} = k\theta u''(y_{t+1}^*)\frac{dy_{t+1}^*}{d\xi} < 0 \tag{3-41}$$

对于第一期的均衡条件来说，根据 $u'(x_t^*) = p_t^* - p_{t+1}^* = kp_{y,t}^* = k\theta u'(y_t^*)$ 以及资源总约束，即 $nx_t^* + my_t^* = Q$，可得 $dp_t^*/d\xi = dp_{t+1}^*/d\xi$。这样，根据式（3-41）进一步可得如下二式：

$$\frac{d}{d\xi}\left(\frac{p_t^*}{2}\right) = \frac{1}{2}\frac{dp_{t+1}^*}{d\xi} < 0$$

$$\frac{d}{d\xi}\left(p_{t+1}^* - \frac{p_t^*}{2}\right) < 0$$

"投资需求"由 $x_t^* - x_{t+1}^*$ 表示，对两期的资源总约束差分，可知：

$$n(x_t^* - x_{t+1}^*) = -my_t^* + (1-\xi)mx_{t+1}^* + \xi my_{t+1}^* \tag{3-42}$$

对式（3-42）全微分，可得：

$$n\frac{d}{d\xi}(x_t^* - x_{t+1}^*) = -\frac{nmk\theta(x_{t+1}^* - y_{t+1}^*)u''(y_{t+1}^*)}{\xi mu''(x_{t+1}^*) + [n + (1-\xi)m]k\theta u''(y_{t+1}^*)} < 0$$

## 十一、关于异质性部分的证明

首先，考虑对所有权交易进行征税。给定 $\tau_x$，均衡条件为：

$$\begin{cases} u'(x_s^*) = (1-\tau_x)u'(x_b^*), \quad \theta u'(y^*(\theta)) = p_y^* \\ (1-\tau_x)u'(x_b^*) = kp_y^* \\ n\int_{x_s^*}^{\bar{h}}x_s^* dF_{h_e}(h_e) + n\int_0^{x_b^*}x_b^* dF_{h_e}(h_e) + \int_{x_b^*}^{x_s^*}h_e dF_{h_e}(h_e) + m\int_{\underline{\theta}}^{\bar{\theta}}y^*(\theta)dF_\theta(\theta) = Q \end{cases} \tag{3-43}$$

总福利可表示为：

$$W = n\int_0^{x_b^*}u(x_b^*)dF_{h_e}(h_e) + n\int_{x_s^*}^{\bar{h}}u(x_s^*)dF_{h_e}(h_e) + n\int_{x_b^*}^{x_s^*}u(h_e)dF_{h_e}(h_e) +$$

$$m\int_{\underline{\theta}}^{\bar{\theta}}\theta u(y^*(\theta))dF_\theta(\theta) - (1-k)m\int_{\underline{\theta}}^{\bar{\theta}}\theta u'(y^*(\theta))y^*(\theta)dF_\theta(\theta) \tag{3-44}$$

式（3-43）对$\tau_x$进行微分，可得：

$$\begin{cases} u''(x_s^*)\dfrac{dx_s^*}{d\tau_x} = -u'(x_b^*) + (1-\tau_x)u''(x_b^*)\dfrac{dx_b^*}{d\tau_x} \\[3mm] u''(x_s^*)\dfrac{dx_s^*}{d\tau_x} = k\theta u''(y^*(\theta))\dfrac{dy^*(\theta)}{d\tau_x} \\[3mm] n\int_0^{x_b^*}\dfrac{dx_b^*}{d\tau_x}dF_{h_e}(h_e) + n\int_{x_s^*}^{\bar{h}}\dfrac{dx_s^*}{d\tau_x}dF_{h_e}(h_e) + m\int_{\underline{\theta}}^{\bar{\theta}}\dfrac{dy^*(\theta)}{d\tau_x}dF_\theta(\theta) = 0 \end{cases}$$

因此，$dy^*(\theta)/d\tau_x > 0$。

式（3-44）的最后一项对$\tau_x$的导数为（当税率为零时）：

$$(1-k)m\int_{\underline{\theta}}^{\bar{\theta}}\mathrm{MR}_\theta(y^*(\theta))\frac{dy^*(\theta)}{d\tau_x}dF_\theta(\theta)$$

式（3-44）的前四项对$\tau_x$的导数为（当税率为零时）：

$$(1-k)m\int_{\underline{\theta}}^{\bar{\theta}}\theta u'(y^*(\theta))\frac{dy^*(\theta)}{d\tau_x}dF_\theta(\theta) > 0$$

式（3-44）对$\tau_x$的导数为（当税率为零时）：

$$\frac{dW}{d\tau_x}\bigg|_{\tau_x=0} = -(1-k)m\int_{\underline{\theta}}^{\bar{\theta}}\theta u''(y^*(\theta))y^*(\theta)\frac{dy^*(\theta)}{d\tau_x}dF_\theta(\theta) > 0$$

其次，考虑对租赁进行征税。给定$\tau_x$，均衡条件为：

$$\begin{cases} u'(x^*) = p^*,\ \theta u'(y^*(\theta)) = p_y^* \\[2mm] p^* = (k-\tau_y)p_y^* \\[2mm] n\int_0^{\bar{h}}x^*dF_{h_e}(h_e) + m\int_{\underline{\theta}}^{\bar{\theta}}y^*(\theta)dF_\theta(\theta) = Q \end{cases} \tag{3-45}$$

总福利的表达式为：

$$W = n\int_0^{\bar{h}}u(x^*)dF_{h_e}(h_e) + m\int_{\underline{\theta}}^{\bar{\theta}}\theta u(y^*(\theta))dF_\theta(\theta) - (1-k)m\int_{\underline{\theta}}^{\bar{\theta}}\theta u'(y^*(\theta))$$
$$y^*(\theta)dF_\theta(\theta) \tag{3-46}$$

式（3-45）对$\tau_x$进行微分，可得：

$$\begin{cases} u''(x^*)\dfrac{dx^*}{d\tau_y} = -\theta u'(y^*(\theta)) + (k-\tau_y)\theta u''(y^*(\theta))\dfrac{dy^*(\theta)}{d\tau_y} \\[3mm] n\int_0^{\bar{h}}\dfrac{dx^*}{d\tau_y}dF_{h_e}(h_e) + m\int_{\underline{\theta}}^{\bar{\theta}}\dfrac{dy^*(\theta)}{d\tau_y}dF_\theta(\theta) = 0 \end{cases}$$

因此，$dy^*(\theta)/d\tau_y < 0$。

式（3-46）的最后一项对$\tau_x$的导数为：

$$(1-k)m\int_{\underline{\theta}}^{\bar{\theta}}\mathrm{MR}_\theta(y^*(\theta))\frac{dy^*(\theta)}{d\tau_y}dF_\theta(\theta)$$

式（3-46）的前两项对$\tau_x$的导数为：

$$(1-k)m\int_{\underline{\theta}}^{\bar{\theta}}\theta u'(y^*(\theta))\frac{dy^*(\theta)}{d\tau_y}dF_\theta(\theta) < 0$$

式（3-46）对$\tau_x$的导数为：

$$\frac{dW}{d\tau_y}\bigg|_{\tau_y=0} = -(1-k)m\int_{\underline{\theta}}^{\bar{\theta}}\theta u''(y^*(\theta))y^*(\theta)\frac{dy^*(\theta)}{d\tau_y}dF_\theta(\theta) < 0$$

进一步地，式（3-46）对$\tau_x$的一阶微分为：

$$nu'(x^*)\frac{dx^*}{d\tau_y} + m\int_{\underline{\theta}}^{\bar{\theta}}\theta u'(y^*(\theta))\frac{dy^*(\theta)}{d\tau_y}dF_\theta(\theta) - (1-k)m\int_{\underline{\theta}}^{\bar{\theta}}\mathrm{MR}_\theta(y^*(\theta))$$

$$\frac{dy^*(\theta)}{d\tau_y}dF_\theta(\theta)$$

根据$n\dfrac{dx^*}{d\tau_y} = -m\int_{\underline{\theta}}^{\bar{\theta}}\dfrac{dy^*(\theta)}{d\tau_y}dF_\theta(\theta)$以及$p_y^* = \theta u'(y^*(\theta))$，$\forall\theta$，则该一阶微分条件可化简为：

$$\tau_y m\int_{\underline{\theta}}^{\bar{\theta}}\theta u'(y^*(\theta))\frac{dy^*(\theta)}{d\tau_y}dF_\theta(\theta) - (1-k)\int_{\underline{\theta}}^{\bar{\theta}}\theta u''(y^*(\theta))y^*(\theta)\frac{dy^*(\theta)}{d\tau_y}dF_\theta(\theta) = 0$$

因此，最优的租赁税（补贴）为：

$$\tau_y^* = (1-k)\frac{\int_{\underline{\theta}}^{\bar{\theta}}\theta u''(y^*(\theta))y^*(\theta)\frac{dy^*(\theta)}{d\tau_y}dF_\theta(\theta)}{\int_{\underline{\theta}}^{\bar{\theta}}\theta u'(y^*(\theta))\frac{dy^*(\theta)}{d\tau_y}dF_\theta(\theta)} \tag{3-47}$$

将式（3-47）代入均衡条件式（3-45）中，通过整理$u'(x^*) = (k-\tau_y^*)\theta u'[y^*(\theta)]$可知，其与式（3-22），即次优解是等价的。

# 第四章

# 离散数量选择对资源配置效率的影响

## 第一节　引论

在第三章所构建的瓦尔拉斯市场中，假设不动产的数量是连续的，且给定一个扁平（Flat）税率——即所有的数量单位都面临相同的税率。实际上，一方面购买者通常面临购买一套还是两套即离散数量的选择（Discrete Choice），另一方面购买第二套房所面临的税或限制要明显高于第一套房。所以，竞争性市场以及连续性假设难以解释为何有的消费者只买一套，有的消费者却购买两套。

现实中，除了第三章中所讨论的基于购买资质限制的是否能买（Extensive Margin），在某些大中型城市，还会对购房数量进行限制（Intensive Margin）。此外，第三章中并没有考虑避税的可能性。给定持有第二套房的不同税费成本，有些交易者可以通过家庭内部的转移支付来规避持有或交易第二套房所带来的额外成本。

在二套房政策和避税问题的背后，本章以资源配置效率为核心回答如下问题：消费者如何理性选择只买一套房还是两套房？如果消费者购买两套房，会选择交税购买还是避税购买？若持有第二套房会发生额外的成本，对总福利有何影响？避税对不同交易者具有何种不同影响？

要回答上述问题，需要一个更适合研究我国"二套房"市场的模型，以同时捕捉离散选择、对不同数量的差别税率以及避税的问题。基于此，本章需要改变竞争性市场的假设，引入产品差异（因此会存在市场势力），来为购房者选择买一套还是买两套住房这个行为进行建模。

本章不仅从定性分析的层面讨论了避税的影响，而且指出了如何去量化避税对市场的影响。具体而言，不同购房者的避税成本不同，且其服从某些概率分布。厂商通过观察消费者的数量选择、政府公布的征税水平和避税成本分布进行定价。均衡价格就是征税水平以及避税成本分布函数的函数。通过分析避税成本分布函数的"随机占优"性质，可以将避税对价格的影响进行量化，以便于进一步分析其对总福利的影响。

本章认为，提高第二套房相对于第一套房的税费会导致福利净损失，而避税会起到一定的反作用，从而抵消税收的负面影响。然而，避税行为本身也是有成本的，所以若二套房税的政策制定者忽略了避税的可能性，则会高估税收引致的净损失，同时低估避税本身的成本。在本章的数值模拟中，我们发现：当税较低时，避税会降低总福利；相反，当税较高时，避税会提高总福利。另外，减税虽然能减少税收引致的净损失，但在税较高的状态下已经发生了的避税成本并不会因后续的减税而消失。

# 第二节　模型设置：基准配置

## 一、持有数量的选择

为了考察相比第一套房，对第二套房所实施的额外交易限制，首先需要对消费者选择不同离散数量的交易行为进行建模。本章把不动产"单位"视为离散的，有些人持有一套房用于自住，有些人愿意持有两套房，其中第二套房在一定程度上满足非居住需求（如"改善"）。与第三章竞争性市场的一个不同之处在于，第三章中的连续单位和同质性偏好，使得给定竞争性市场价格，"代表性"消费者会选择购买同样数量的不动产。所以，竞争性市场的假设不足以分析为何有的消费者只买一套，有的消费者买两套。为了准确刻画出有些消费者购买一套房，有些消费者会偏好两套房这样一个事实，本章引入产品差异化和消费者的异质性，来捕捉不同消费者对于购买一套还是两套房的不同选择。

研究异质性离散数量选择的一个较为简单的思路是使用水平差异化（Hotelling）模型。Hotelling（1929）的模型设定下，每位消费者只能购买一个单位的商品。本章允许每位消费者不仅可以选择只买一个单位，也可以选择购买两个单位的商品（二套房）。具体而言，一个连续单位的消费者，其均匀分布于 0 到 1 之间，即 $0 \leq x \leq 1$（见图 4-1）。[①] 两个生产住房的厂商 0 和厂商 1 分别位于 0 处和 1 处，并同时宣布价格 $p_0$ 和 $p_1$。生产的边际成本标准化为 0。消费者的购买动机存在异质性：一个偏好为 $x$ 的消费者，购买厂商 0 的商品所获负效用为 $tx$；相应地，购买并居住于厂商 1 的房主所获负效用为 $t(1-x)$。[②] 每套房产对消费者的基础价值记为 $v$。

每个消费者对每个厂商所出售的房产假设为单位需求（Unit Demand），即最少且最多购买某个厂商的一单位房产。这样，每位消费者一共有三种可能的选择：

（1）从厂商 0 处买一套房，效用为 $u_0 = v - tx - p_0$。

（2）从厂商 1 处买一套房，效用为 $u_1 = v - t(1-x) - p_1$。

（3）买两套房，即从厂商 0 处和厂商 1 处各购买一套房，效用为 $u_{01} = u_0 + u_1$。

总之，一个消费者从下列选项中进行选择，使效用最大化：

$$\begin{cases} v - tx - p_0 \\ v - t(1-x) - p_1 \\ 2v - t - p_0 - p_1 \end{cases} \tag{4-1}$$

为了计算并求解厂商的需求和相应的均衡定价，需要找出式（4-1）中两两无差异的消费者的坐标。在传统的 Hotelling 模型下，不存在第三种"买两套"的选项，此时意味着所有的消费者都只买一套（见图 4-1）。在这样的情形下，厂商 0 和厂商 1 的需求取决于只买 0 和只买 1 的无差异的消费者的坐标。该坐标可通过式（4-2）计算得出。

$$u_0 = u_1 \Rightarrow x^S = \frac{1}{2} + \frac{p_1 - p_0}{2t} \tag{4-2}$$

当无差异消费者的坐标只有式（4-2）这种可能性时，厂商 0 和厂商 1 的需求分别为：

$$x^S = \frac{1}{2} + \frac{p_1 - p_0}{2t}$$

$$1 - x^S = \frac{1}{2} + \frac{p_0 - p_1}{2t}$$

---

① Shao 和 Gao（2022）在二维 Hotelling 模型的设置下研究了类似的多归属问题。见 SSRN：http：//dx. doi. org/10. 2139/ssrn. 4299721。

② 在 Hotelling 模型中，对产品差异化的偏好有时也阐述为"交通成本"，其衡量的是一个产品差异于某个消费者的理想选择之间的程度。

显然，上式表明其他条件不变时，单方面提价导致自己的需求减少，竞争对手的需求增加，即传统意义上的策略互补（Strategic Complements）。

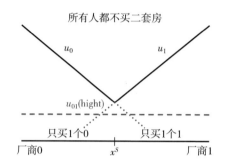

**图 4-1 当所有消费者都不买二套房时的情形**

更重要的是，通过式（4-1）可知，当不动产价值 $v$ 本身相较于产品差异化的程度 $t$ 而言足够大时，对某些位置较为居中的消费者而言，购买两套房就比只买一套房能获得更高的效用。此时，厂商 0 的需求等价于"只买 0 的消费者"与"既买 0 也买 1 的消费者"的总和。这两类消费者的位置都相对靠左，所以厂商 0 的需求由"买两套"与"只买 1"的无差异的消费者位置所决定。该坐标为：

$$u_{01} = u_1 \Rightarrow x_0 = \frac{v - p_0}{t} \tag{4-3}$$

观察式（4-3）可知，相对于价格而言，若 $v$ 越大，则这位无差异消费者的位置就越靠右。换言之，其他条件不变，越大的 $v$ 表示"额外购买 0 作为第二套房的价值越高"，此时导致厂商 0 的需求越高；或者说其他条件不变，厂商 0 的价格越低，其需求越高。

类似地，可求得厂商 1 的需求。厂商 1 的需求由"只买 1"和"买两套"的消费者所构成。而厂商 1 的需求总量大小由"买两套"和"只买 0"的无差异的消费者所决定，该消费者的位置为：

$$u_0 = u_{01} \Rightarrow x_1 = 1 - \frac{v - p_1}{t} \tag{4-4}$$

结合式（4-3）和式（4-4）可知，当存在买二套房的消费者时，厂商 0 和厂商 1 的需求分别为 $x_0$ 和 $1 - x_1$（见图 4-2），而每个厂商的需求只由自己的定价所决定，与对手的定价无关。这种情况出现的其中一个前提就是：

$$x_1 < x_0 \Leftrightarrow 2v - t > p_0 + p_1$$

上式的左侧表示购买两套房得到的不包含价格的效用，右侧表示购买二套房所支付的价格。因此，给定差异化程度 $t$，$v$ 越高或价格之和越低，消费者越愿意购买二套房。

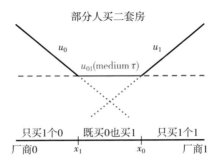

**图 4-2　当部分但非全部消费者购买二套房时的情形**

当然，存在一种极端的情况，即当 $v$ 相较于 $t$ 或价格之和充分大时，会导致"所有的消费者都购买二套房"。这等价于：

$$x_0 = 1 \Rightarrow p_0 = v - t$$
$$x_1 = 0 \Rightarrow p_1 = v - t \tag{4-5}$$

此时，厂商 0 和厂商 1 的需求就是 [0，1] 这条线段本身的长度，即 1。此时也容易观察出，每个厂商的需求或利润与竞争对手的策略是无关的（Strategic Independence）。当购买二套房的人数为正时，上述两类情况可分别由图 4-2 和图 4-3 来表示。其中，图 4-3 可视为图 4-2 取角点解时的一个特例。

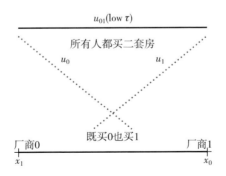

**图 4-3　当所有消费者都购买二套房时的情形**

总之，根据参数 $v$ 和 $t$ 以及厂商的定价，消费者的需求结构可分为三种可能性：所有消费者都买一套房；部分但非所有消费者购买二套房；所有消费者都买二套房。

接下来，根据上述三种情况分别计算厂商的最优定价。需要注意的是，无差异消费者的位置除了受参数条件的影响，也由厂商的定价所决定。参数条件是外生的，而厂商的定价是策略性的。因此，分析图 4-1 至图 4-3 中最终会出现哪个均衡，需要在给定参数条件下计算厂商在每种情况下的最优定价，再把最优定价代入利润中，比较利润的相对大小。厂商最终决定实施哪一类价格，决定了均衡情况下的市场结构和购买二套房的数量。

为了简化分析，假设市场被完全覆盖（即每个消费者必须至少购买一单位房产），这样，对于全体消费者而言，"只买一套"和"购买两套"是两个互斥的集合，且互为补集。

**假设 4-1** （市场全覆盖）现值 $v$ 相对于差异化程度 $t$ 而言充分大，即 $v>2t$，使得均衡时每个消费者至少购买一套房。

## 二、次优配置

在第一种情况即所有的消费者都只买一套房的情况下，双寡头分别求解如下利润最大化问题：

$$p_0^* = \mathrm{argmax}_{p_0} p_0 x^S$$

$$p_1^* = \mathrm{argmax}_{p_1} p_1 (1-x^S)$$

联立两个一阶导数条件，可得均衡价格为：

$$\begin{cases} p_0 = \dfrac{p_1+t}{2} \\ p_1 = \dfrac{p_0+t}{2} \end{cases} \Rightarrow p_0^* = p_1^* = t$$

将上述均衡定价代入双寡头的目标利润中，可得此时双方的对称均衡利润为：

$$\pi_0^*(t,\ t) = \pi_1^*(t,\ t) = \frac{t}{2}$$

接下来，考察在第二种情况即部分但非所有消费者购买二套房时双寡头利润最大化问题。此时，双寡头的目标函数有所变化，双方求解下列问题：

$$p_0^* = \mathrm{argmax}_{p_0} p_0 x_0$$

$$p_1^* = \mathrm{argmax}_{p_1} p_1 (1-x_1)$$

此时，每家厂商的利润不取决于对方的价格，这等同于求解两个"垄断"的利润最大化问题，其解为：

$$p_0^* = p_1^* = \frac{v}{2}$$

把上述定价代入到双寡头目标函数中，可得此时的均衡利润为：

$$\pi_0^*(v/2) = \pi_1^*(v/2) = \frac{v^2}{4t}$$

在第三种情况即所有消费者都购买二套房时，由 $x_0 = 1$ 和 $x_1 = 0$ 直接可得此时的均衡价格为：

$$p_0^* = p_1^* = v - t$$

对应的双寡头的均衡利润为：

$$\pi_0^*(v-t) = \pi_1^*(v-t) = v - t$$

与传统的 Hotelling 模型不同的是，在第二种和第三种情况之间，由于每家厂商调整自己的价格不会影响到竞争对手，因此第二种情况（内点解，Interior Solution）和第三种情况（角点解，Boundary Solution）是连续的，而且这两种情况之间的切换也与竞争对手无关。因此，决定第二类均衡和第三类均衡的临界条件为：

$$x_0(p_0 = v/2) \leq 1 \Rightarrow v \leq 2t$$
$$x_1(p_1 = v/2) \geq 1 \Rightarrow v \leq 2t$$

然而，在第一种和第二种情况之间的切换不是如此，而是双寡头的定价共同决定了价格之和相对较高还是相对较低，使得所有消费者都不买二套房或者使得部分消费者开始购买二套房。具体而言，决定第一类均衡和第二类均衡的临界条件为：

$$\begin{cases} \pi_0^*(t,\ t) \geq \pi_0^*(v/2) \\ \pi_1^*(t,\ t) \geq \pi_1^*(v/2) \end{cases} \Rightarrow v \leq \sqrt{2}t, \quad \begin{cases} \pi_0^*(t,\ t) \leq \pi_0^*(v/2) \\ \pi_1^*(t,\ t) \leq \pi_1^*(v/2) \end{cases} \Rightarrow v \geq \sqrt{2}t$$

综合三种情形，可得对称的纳什均衡。在不考虑税收的状态下，此均衡以"NT"（No Tax）来表示。

**引理 4-1**　［纳什均衡（NT）］在没有税收干预的前提下，均衡的房价为：

$$p^{NT} = \begin{cases} t, & v \leq \sqrt{2}t \\ \dfrac{v}{2}, & \sqrt{2}t \leq v \leq 2t \\ v - t, & v \geq 2t \end{cases} \tag{4-6}$$

相较于经典的 Hotelling 模型而言，本章考虑了额外购买第二套房的增加值，其为 $v$，所以 Hotelling（1929）的模型等价于 $v$ 充分小的情形，即购买额外一单位房产的边际效用为 0，使得所有消费者都只买一单位房产。这等价于式（4-6）中 $v \leqslant \sqrt{2}t$ 的情形。

### 三、数量约束均衡

现实中，一些城市的政府会对购买二套房的行为进行干预，例如，对第二套房的交易实施更高的税费，或消费者持有第二套房会面临更高昂的成本。假设消费者一旦购买第二套房，则需要缴纳额外的费用为 $\tau \in [0, +\infty)$。

在本小节中，暂不考虑避税的可能性，以此为一个基准模型，来集中解释均衡价格的形成机制。不存在避税可能性的状态用上标"ND"来标记。这样，购买一套房的效用函数维持不变，但购买二套房的效用函数变为：

$$u_{01}^{ND} = u_{01} - \tau = 2v - \tau - t - p_0 - p_1$$

对第二套房实施更高的税费意味着消费者购买第二套房的效用增加值（Incremental Surplus）被降低。在无税均衡（NT）中，$v$ 表示第二套房所产生的额外效用，但在考虑税收的情况下，该额外效用变为 $v - \tau$。因此，含税均衡等同于将无税均衡中所有的 $v$ 替换为 $v - \tau$。这样，在对第二套房征税的情形下，市场均衡房价为：

$$p^{ND}(\tau) = \begin{cases} t, & \tau \geqslant v - \sqrt{2}t \\ \dfrac{v-\tau}{2}, & v - 2t \leqslant \tau \leqslant v - \sqrt{2}t \\ v - \tau - t, & \tau \leqslant v - 2t \end{cases} \tag{4-7}$$

### 四、数量约束对价格的影响

**定理 4-1** 当市场上存在购买二套房的消费者时（当 $\tau < v - \sqrt{2}t$ 时），若提高二套房的税费，可能导致均衡价格即式（4-7）下降：$dp^{ND}/d\tau < 0$。

定理 4-1 说明，对持有第二套房实施限制，会降低购买一套房的消费者所面临的价格。特别地，当征税足够高且幅度大于 $v - \sqrt{2}t$ 时，所有消费者都不会购买第二套房。此时，继续增税对均衡价格没有影响。

图 4-4 绘制了参数取值为 $v = 10$，$t = 1$ 时，随着 $\tau$ 的增加，均衡价格 $p^{ND}$ 的变

化趋势。当税率较低，且小于 $v-2t=8$ 时，税率相对于购买二套房的价值而言依然较低，此时所有消费者购买二套房。随着税率的提高，购买二套房的消费者的支付意愿下降，导致双寡头降低价格。具体而言，有：

$$\frac{dp^{ND}}{d\tau}\bigg|_{p^{ND}=v-\tau-t}=-1<0$$

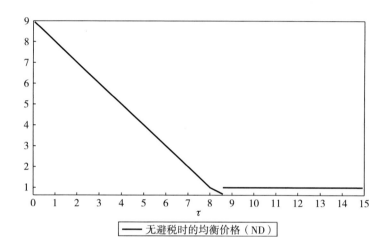

图 4-4　税对均衡房价的影响

当税率超过 8，但低于 $v-\sqrt{2}t$ 时，部分消费者购买二套房，且随着税率的上升，购买二套房的消费者的数量会减少，厂商的需求也会随税而递减。因此，在这个区间段，厂商的定价依然随税的上升而递减。但是与第一个区间段所不同的是，在前一个区间段，每个厂商的需求始终为 2，厂商降价以维持 2 的需求。然而只有当部分消费者购买二套房时，厂商的需求为 $1+x_0-x_1$，此时额外购买二套房的需求是随税递减的。因此，若降价幅度较小，意味着当一个消费者从购买二套房转而只购买一套房时，这位消费者直接对厂商造成 1 单位的损失，比前一种情况更糟糕。所以，此时价格随税的递减幅度要小于前一种情形。具体而言，有：

$$-1<\frac{dp^{ND}}{d\tau}\bigg|_{p^{ND}=(v-\tau)/2}=-\frac{1}{2}<0$$

最后，当税率较高使得所有消费者都不会购买二套房时，厂商的需求始终为 1，且不随税而改变，此时即：

$$\frac{dp^{ND}}{d\tau}\bigg|_{p^{ND}=t}=0$$

对于购买两套房的消费者而言，相较于只买一套房，需要额外支付的含税价格为 $p^{ND}+\tau$；二套房需要支付的总价为 $2p^{ND}+\tau$，根据式（4-7），这两种衡量二套房价格随税的单调性是不同的。

**定理 4-2** （二套房的总价）在均衡时：

（i）相较于第一套房，对第二套房额外的支付额 $p^{ND}+\tau$ 是 $\tau$ 的非递减函数，即：

$$\frac{d}{d\tau}(p^{ND}+\tau)\begin{cases}>0, & v-2t\le\tau\le v-\sqrt{2}\,t \\ =0, & \tau\le v-2t\end{cases}$$

（ii）购买两套房的总价为 $2p^{ND}+\tau$，是 $\tau$ 的非递增函数，即：

$$\frac{d}{d\tau}(2p^{ND}+\tau)\begin{cases}=0, & v-2t\le\tau\le v-\sqrt{2}\,t \\ <0, & \tau\le v-2t\end{cases} \tag{4-8}$$

需要注意的是，上述含税总价的单调性并非仅仅受到参数值的影响，而是由于在卖家无法实施价格歧视时，税的转嫁效应导致市场势力发生了变化。当税较低或购买二套房的需求较高时，增税直接降低了卖家的需求，此时卖家有强烈的降价动机；但是，当税较高且所有消费者都不买二套房时，没有人交税，所以此时的均衡与税无关。

图 4-5 绘制了定理 4-2 所示的两个结论。

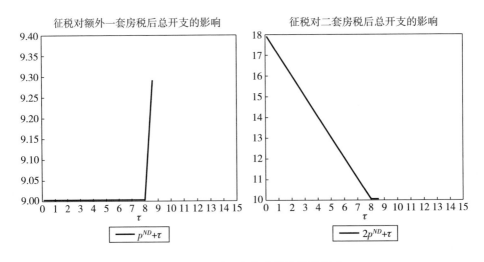

**图 4-5 增税对二套房含税价格的影响**

### 五、数量约束与总福利

总福利记为 $W^{ND}(\tau)$，其为消费者剩余、卖家利润和税收收入之和。其中，卖家利润与消费者支付的总价相互抵消；税收收入与税收支付相互抵消，所以总福利的计算可简化为如下形式：

$$W^{ND}(\tau) = \begin{cases} \int_0^{x^S}(v-tx)dx + \int_{x^S}^1 (v-t(1-x))dx, & \tau \leq v-2t \\ \int_0^{x_1}(v-tx)dx + \int_{x_0}^1 (v-t(1-x))dx \\ \quad + \int_{x_1}^{x_0}(2v-t)dx, & v-2t \leq \tau \leq v-\sqrt{2}t \\ \int_0^1 (2v-t)dx, & \tau \geq v-\sqrt{2}t \end{cases} \tag{4-9}$$

为了考察增税对总福利的影响，需要式（4-9）对 $\tau$ 进行求导并考察导数的符号是正还是负。可以验证的是，在第一个和第三个式子，即"所有消费者都只买一套房"和"所有消费者都买二套房"这两种极端情况下，$\tau$ 都不影响总福利。这是因为当所有消费者都只买一套房时，消费者都不需要交税，此时 $\tau$ 不起作用；当所有消费者都买二套房，且即使二套房税费较高也不影响消费者购买时市场的总交易量不变，价格下降，消费者交税增加且政府财政收入增加——然而，价格和税收支付相互抵消，因此最终因交易量不变，总福利也没有变化。

然而，当市场上只有部分消费者购买二套房时，$\tau$ 会对总福利产生影响。具体而言，式（4-9）对 $\tau$ 求导，可得：

$$\frac{dW^{ND}}{d\tau}\Big|_{v-2t \leq \tau \leq v-\sqrt{2}t} = -\frac{v+\tau}{2t} < 0$$

此时，增加 $\tau$ 会使增税前本来对购买二套房和只买一套房无差异的消费者，在增税后更倾向于只买一套房。从而导致总产出（交易量）下降，阻碍了买卖双方的互惠交易，因此 $\tau$ 导致总福利下降，产生净损失（Deadweight Loss）。

**定理 4-3**　（福利净损失）对购买第二套房征税导致总福利下降。

定理 4-3 说明，对第二套房征税降低了总产出，这与税收的净损失理论是一致的。此外，对第二套房的需求越富有弹性，则净损失的额度越高。实际上，由于本模型假设每个消费者必须至少买一套房（第二套房不是必需品），则根据传统的 Ramsey 规则，对第一套房征税要优于对第二套房征税。

定理4-3也可以从另一个角度来理解。假设存在一个社会计划者，通过配置住房资源来最大化总福利。具体而言，设两个厂商均为计划者所有，计划者设置一组价格来直接最大化消费者剩余和厂商利润。此时，消费者支付的价格等于厂商收到的价格，因此相互抵消。那么决定总福利的大小就只取决于$v$和$t$的相对大小。若$v$相较于$t$而言充分大时，所有消费者都消费两套房可以使交易量最大化，从而达到总福利的最大化。而对第二套房征税却起到了反作用。增税对住房总需求的影响如图4-6所示。

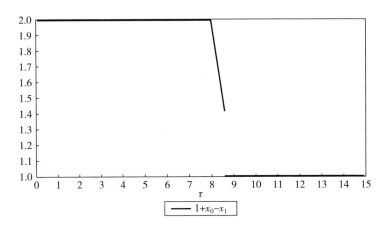

**图4-6　征税对住房总需求的影响**

因此，在社会最优的配置下，应当消除垄断势力，并通过设置低价来扩张需求（Spence，1976）。对购买第二套房进行征税，在一定程度上削减了价格加成，但并未使总产出达到最优水平（Weyl and Fabinger，2013）。

# 第三节　避税交易及其影响

本节引入避税的可能性，即对于第二套房，允许消费者选择是否以避税的形式进行购买。引入避税可能性的模型以上标"D"表示。

显然，避税会节省一定的开支，但在操作避税的这一过程中，也会产生成本。现实中，并非所有消费者在购买二套房时，都会选择避税，这说明不同消费者的避税成本是异质性的。从一个极端角度来说，若所有消费者的避税成本都是0，则所有购买二套房的消费者都选择避税，此时等价于NT状态下的均衡结果。

从另一个极端角度来说，若所有消费者的避税成本都是无穷大，则没有人会选择避税，此时等价于 ND 状态下的结果。

基于此，考虑异质性的避税成本，记为 $\mu \in [0, \bar{\mu})$。

**定义 4-1** （避税成本）对于每一位消费者而言，避税成本为 $\mu$，且独立同分布，分布函数为 $G(\cdot)$。对于连续分布的 $\mu$，令 $g(\mu) = G'(\mu)$ 为密度函数。从平均意义上而言，期望避税成本为：

$$E(\mu \mid \mu < \tau) = \frac{\int_0^\tau \mu g(\mu) d\mu}{G(\tau)} \tag{4-10}$$

期望避税成本的均值越低，意味着消费者越容易避税。在这里，我们假设避税成本的上限充分大（可以是无穷），且高于税的上限，并假设避税成本的分布与购房偏好无关。个体的避税成本是私人信息，但分布函数即定义 4-1 是共同知识（Common Knowledge）。这样，$G(\tau) = \Pr(\mu < \tau)$ 为避税消费者占购买二套房的人群的比率。

引入异质性的避税成本之后，消费者类型变成了两个维度：产品方面的差异化和避税成本方面的差异性。每个消费者的选项变成了四种：

（1）只买一套 0；

（2）只买一套 1；

（3）交税购买 0 和 1；

（4）避税购买 0 和 1。

其中，当一个消费者选择购买二套房的时候，是交税还是避税购买，取决于避税成本是高于还是低于要交的税。如果避税不那么麻烦，则避税购买；若避税过程很麻烦，则交税购买。进而，购买二套房的效用函数变为：

$u_{01}^D = 2v - t - p_0 - p_1 - \min\{\mu, \tau\}$

这样，从博弈时序的角度来说，购买二套房和避税的规则可以归结为如下三步：

第一，规定对第二套房的征税额。

第二，厂商无法观测到某个消费者的避税成本，但知道在所有买二套房的消费者当中，有 $\Pr(\mu < \tau)$ 的比例会避税，其余的交税。所以，每个厂商通过计算无差异消费者的期望位置来制定价格。

第三，市场出清时，均衡（对称）的价格记为 $p^D$。此时，消费者根据该均衡价格选择对自己最有利的选项。

## 一、实际成本

为了求解第二步中厂商的策略，我们首先应计算给定分布函数，消费者如果购买第二套房，所面临的包括交税或避税所发生的实际（期望）成本。一个避税成本较高的消费者会选择通过交税来购买两个单位，这个事件发生的概率是：

$$\Pr(\mu > \tau) = \int_{\tau}^{\bar{\mu}} g(\mu) d\mu = 1 - G(\tau)$$

同理，对于其余 $G(\tau)$ 比例的购买二套房的消费者而言，他们的避税成本较低，选择避税购买二套房。此时，从平均意义上来说，所有购买二套房的消费者产生的避税成本为 $E(\mu \mid \mu < \tau)$。

从总量的角度而言，相比只买一套房，市场上额外购买的第二套房所产生的除价格之外的损失或支付，就等于交税总量加上避税总成本。其中，交税的总量为 $\tau(1 - G(\tau))$，期望避税成本为 $\int_{0}^{\tau} \mu g(\mu) d\mu$。

我们将上述两者之和定义为除了价格外购买第二套房所支付的"实际成本"。

**定义 4-2**　（第二套房的实际成本）令 $\mathscr{C}$ 为购买第二套房支付的除价格之外的"实际"（Virtual）成本，其为期望纳税额与避税成本之和（这里所谓的"实际"成本与征税水平即"名义"成本相对应）。

$$\mathscr{C} = \tau[1 - G(\tau)] + \int_{0}^{\tau} \mu g(\mu) d\mu = \tau - \int_{0}^{\tau} G(\mu) d\mu \in [0, \tau] \qquad (4-11)$$

式（4-11）的第一个等号两端表示的是实际成本的定义。第二个等号后面部分由分部积分所得。通过第二个等号的右侧可知，购置第二套房的实际成本一定低于名义税额。这是因为一旦某个消费者的避税成本比应缴税额低，那么该消费者会通过避税的方式购置第二套房。

值得注意的是，在不征税的状态，即 NT 模型下的情形，以及在不考虑避税可能性的 ND 模型下的情形，都可视为定义 4-2 的特例。

"NT"状态相当于 $\tau = 0$，这样任意消费者的避税成本均高于 0，所以 $\mathscr{C} = 0$。

在"ND"状态下，消费者不能选择避税，等同于说每个消费者的避税成本都充分大，使得 $\forall \mu > \tau$，都有 $G = 0$，因此 $\mathscr{C} = \tau$。

从技术角度来看，名义征税额和持有第二套房的实际成本之间的数量关系可以通过避税成本分布函数的随机占优性质来刻画。例如，考虑 A 和 B 两个市场，其分布函数分别记为 $G^A$ 和 $G^B$。在某个给定税率前提下，$G^A$ 二阶随机占优于 $G^B$ 等同于如下不等式成立：

$$\int_0^\tau G^A(\mu)\,d\mu < \int_0^\tau G^B(\mu)\,d\mu$$

并且，若 $G^A$ 一阶随机占优于 $G^B$，则 $G^A < G^B$。

**引理4-2**　　（随机占优）当且仅当 $G^A$ 二阶随机占优于 $G^B$ 时，$\mathscr{C}^A > \mathscr{C}^B$；当且仅当 $G^A$ 一阶随机占优于 $G^B$ 时，$d\mathscr{C}^A/d\tau > d\mathscr{C}^B/d\tau$。

一个被随机占优的分布函数意味着其均值较低。换言之，如果避税成本的分布函数在统计上被随机占优，意味着消费者更容易避税。所以，如果 $G(\cdot)$ 是一个被随机占优的分布函数，则意味着名义征税额和实际支付额之间的差额较大，此时，避税对均衡的影响或者对税的抵消作用较明显。

这样，相较于无避税的状态，避税对均衡结果的改变程度就可由 $\mathscr{C}$ 的大小来衡量。

### 二、避税对价格的影响及其转嫁

根据定义4-2，每个卖家可以通过消费者持有第二套房的实际成本来估计其需求。厂商并不知道个体消费者的避税成本，只知道整体分布性质，因此从厂商的角度而言，制定单一价格的前提是需要确认其需求的期望值。例如，若市场上存在部分消费者购买二套房（即第二种情况），那么厂商0的需求由只买0和买二套房的消费者所组成。换言之，厂商0的需求的具体大小是由购买二套房和只买1的无差异消费者的位置所决定的。然而，厂商0并不知道具体哪位消费者购买二套房，也不知道其是通过何种方式来购买，所以通过下列无差异位置的期望值来确定，即：

$$\Pr(\mu>\tau)\underbrace{\left(\frac{v-\tau-p_0}{t}\right)}_{\text{选择交税}}+\Pr(\mu<\tau)\underbrace{\left(\frac{v-E(\mu\mid\mu<\tau)-p_0}{t}\right)}_{\text{选择避税}}=\frac{v-\mathscr{C}(\tau)-p_0}{t} \tag{4-12}$$

从卖家0的角度来说，在所有已经购买1的消费者中，式（4-12）的第一项表示交税购买0作为第二套房的消费者的坐标，该事件发生的概率是 $1-G(\tau)$；第二项表示通过避税的方式购买0作为第二套房的消费者的坐标，该事件发生的概率是 $G(\tau)$。所以，一个"无差异"的边际消费者的期望坐标应符合式（4-12）。此时，卖家认为平均而言，这个消费者所担负的第二套房的实际成本（除价格之外）为 $\mathscr{C}(\tau)$。因此，当市场上存在部分购买二套房的消费者时，厂商0

的需求由式（4-12）表示。

类似地，我们可以得到厂商1的需求，其为：

$$\frac{v-\mathscr{C}(\tau)-p_1}{t}$$

接下来，求解均衡价格的过程与第二节是类似的。首先，考察"所有消费者都只买一套房"的情形。此时征税不起作用，当然避税也不会发生，那么无差异的消费者的位置依然由式（4-2）表示。每个厂商的均衡定价依然为：

$$p_0^D = p_1^D = t$$

均衡利润依然为：

$$\pi_0^D(t,\ t) = \pi_1^D(t,\ t) = \frac{t}{2}$$

其次，在第二种情形，即部分但非所有消费者选择购买二套房时，双寡头求解下列问题：

$$p_0^D = \mathrm{argmax}_{p_0} p_0 \frac{v-\mathscr{C}(\tau)-p_0}{t}$$

$$p_1^D = \mathrm{argmax}_{p_1} p_1 \frac{v-\mathscr{C}(\tau)-p_1}{t}$$

上述利润最大化问题的解为：

$$p_0^D = p_1^D = \frac{v-\mathscr{C}(\tau)}{2}$$

代入双寡头目标函数中，可得出此时的均衡利润为：

$$\pi_0^D(p_0^D) = \pi_1^D(p_1^D) = \frac{[v-\mathscr{C}(\tau)]^2}{4t}$$

上述两类均衡之间的切换取决于税的某个临界值，当税超过这个临界值时，所有消费者都不会购买二套房（第一种情况）。这个临界值为：

$$\pi^D(p^D) = \pi^D(t,\ t) \Leftrightarrow \mathscr{C}(\tau) = v - \sqrt{2}t$$

最后，当所有消费者都购买二套房的情况下，双寡头的需求量分别都是1，即：

$$\frac{v-\mathscr{C}(\tau)-p^D}{t} = 1 \Rightarrow p^D = v - \mathscr{C}(\tau) - t$$

后两种情形之间的临界值为：

$$\mathscr{C}(\tau) = v - 2t$$

实际上，由于均衡结果只取决于"购买额外一套房的增加值"，所以 D 下的均衡价格可将 NT 下的 $v$ 都替换成 $v-\mathscr{C}$。

**定理 4-4** （避税均衡 D）给定某个征税水平 $\tau$，当消费者可以选择是否避税时，均衡价格为：

$$
p^D(\tau) = \begin{cases} t, & \mathscr{C}(\tau) \geq v-\sqrt{2}t \\ \dfrac{v-\mathscr{C}(\tau)}{2}, & v-2t \leq \mathscr{C}(\tau) \leq v-\sqrt{2}t \\ v-\mathscr{C}(\tau)-t, & \mathscr{C}(\tau) \leq v-2t \end{cases} \tag{4-13}
$$

为了直观比较不存在避税可能性下的均衡房价［式（4-8）］与存在避税可能性下的均衡房价［式（4-13）］，我们采用均匀分布的情况来进行数值模拟。具体而言，设 $\mu$ 服从均匀分布，即：

$$
g(\mu) = \frac{1}{\bar{\mu}}, \quad G(\mu) = \frac{\mu}{\bar{\mu}}
$$

此时根据定义 4-2，可求得：

$$
\mathscr{C}(\tau) = \tau - \frac{\tau^2}{2\bar{\mu}}
$$

将其代入式（4-13），并赋予 $v$，$t$，$\tau$ 合理的参数值（满足假设 4-1，使得市场全覆盖）。图 4-7 比较了 ND 和 D 两种状态下的均衡房价。在不考虑"所有消费者都只买一套房"的前提下，避税行为将提高均衡价格。

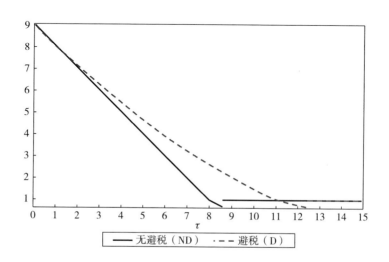

**图 4-7 避税和无避税情况下的均衡房价**

给定某个均衡价格水平，避税会削弱征税的降价效应。征税只对不避税且交税买二套房的消费者起作用，对不交税的消费者不起作用。通过图 4-7 可以看出，存在避税时的均衡价格是不存在避税时的均衡价格的水平拉伸（以税为横轴），因此在某个价格水平下，前者的斜率更为平坦。

通过图 4-7 可知，避税抵消了一部分征税所起到的作用。从厂商的角度来说，如果避税成本的均值较低（分布函数被随机占优），厂商会意识到通过征税来抑制第二套房的需求的作用被削弱，因此提价有利可图。消费者通过避税增加了购买二套房的需求，从某种程度上来说也降低了双寡头的竞争程度，使得价格得以提高。

然而，避税对于不同的消费者的影响是不同的。特别地，避税导致税负被主要转嫁到不避税且交税购买二套房的消费者身上。避税行为并没有被完全内部化，避税导致其他消费者面临更高的价格并受损。这是因为避税使得总需求上升，在该静态模型以及不考虑区别定价的情况下，卖家会提价，导致所有的消费者都必须支付更高的价格。

# 第四节  总福利与资源配置效率

在第二节中，笔者曾提到，如果不考虑避税的可能性，则增税一定会通过减少产出而导致福利的净损失。在第三节考虑到避税的可能性后，我们发现，给定某个征税水平，避税提高了购置二套房的总需求，但同时产生了避税成本并导致财政收入减少。因此我们需要讨论，在给定一个征税水平的情况下，对于考虑避税的模型 D 和不考虑避税的模型 ND 来说，哪个模型所对应的总福利更高？避税抵消征税导致的扭曲，表面上看似前者对应了更高的福利，但事实并不一定如此。在本节中，我们采用均匀分布的情况来比较考虑和不考虑避税可能性的模型下，给定税收水平所对应的总福利的相对大小。

## 一、总福利

当存在避税的可能性时，总福利的表达式为：

$$
W^D(\tau) = \begin{cases}
\displaystyle\int_0^{x^S}(v-tx)\,dx + \int_{x^S}^1\big[v-t(1-x)\big]\,dx, & \mathscr{C} \geqslant v-\sqrt{2}\,t \\[2ex]
\displaystyle\int_0^{x_1}(v-tx)\,dx + \int_{x_0}^1\big[v-t(1-x)\big]\,dx \\[1ex]
\displaystyle+ \int_{x_1}^{x_0}\Big[2v-t-\int_0^\tau \mu g(\mu)\,d\mu\Big]\,dx, & v-2t \leqslant \mathscr{C} \leqslant v-\sqrt{2}\,t \\[2ex]
\displaystyle\int_0^1\Big[2v-t-\int_0^\tau \mu g(\mu)\,d\mu\Big]\,dx, & \mathscr{C} \leqslant v-2t
\end{cases}
\tag{4-14}
$$

由于避税使得购买第二套房的真实额外成本 $\mathscr{C}$ 相较于名义税率 $\tau$ 而言更低，因此避税导致交易量增加。具体而言，当排除"所有人都只买一套房"和"所有人都买二套房"两种极端情形后，考察购买二套房的比例，即 $x_0-x_1$ 如何受税和避税的影响。当不存在避税的情形下，有：

$$
\frac{d\,(x_0-x_1)}{d\tau} = -\frac{1}{t} < 0
$$

因此，增税减少了交易量，进而导致总福利下降。

在可以选择避税的情形下，有：

$$
\frac{d\,(x_0-x_1)}{d\tau} = -\frac{1}{t}\mathscr{C}\,(\tau) < 0
$$

其中，由式（4-11）的定义可知，如下等式成立：

$$
\mathscr{C}\,(\tau) = 1-G\,(\tau) \in [0,1]。
$$

所以，避税削弱了税对总需求的抑制作用。换言之，相比不存在避税的情形，允许避税可以提高总需求（见图4-8）。与此同时，虽然在这两种情形下，二套房需求都因税而降低，但避税减缓了其递减的速度，削减比例刚好为 $1-G(\tau)$，即选择避税的人所占的比例。

由上述分析可知，避税从提高交易量这一层面而言，对总福利是有益的。

然而，从 ND 到 D，允许避税也导致了避税成本的产生，其总量为：

$$
(x_0-x_1)\int_0^\tau \mu g(\mu)\,d\mu
$$

而在不允许避税的情形下，总福利中并不需要减去上述"避税成本"。因此，给定某个税率水平，式（4-14）既有可能可能大于也有可能小于式（4-9）。

图4-9 总结了相较于没有避税的模型 ND 而言，存在避税的模型 D 所产生的额外交易量以及所产生的避税成本这两方面的影响。

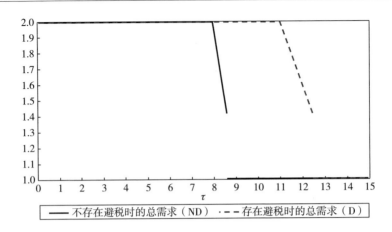

图 4-8　征税和避税对住房总需求的影响

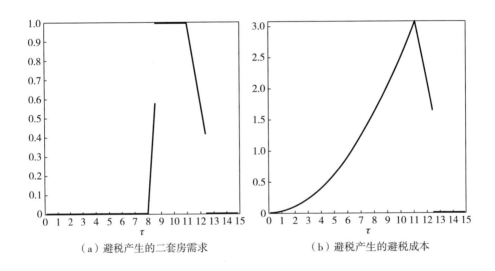

（a）避税产生的二套房需求　　　　　　（b）避税产生的避税成本

图 4-9　避税对总福利的影响

显然，对于一个在只买一套和买两套房之间几乎无差异的消费者而言（边际消费者，Marginal Consumers），如果可以选择避税，则该消费者更有可能买两套房。但同时，确定买两套房的非无差异消费者（Infra-Marginal）也可以选择避税，也可以选择交税——如果交税，则对总福利没有影响；如果避税，则产生避税成本。边际消费者如果选择避税，可以增加市场需求。但非边际消费者如果选择避税，则会降低总福利。所以，需要比较边际和非边际消费者的相对数量大小，以确定是模型 D 还是模型 ND 对应了更高的总福利。

**定理 4-5** （避税对总福利的影响）给定对二套房的某个征税水平，避税增加了总需求，但产生了避税成本。当税率水平较低使得购买二套房的总人数较多时，避税会降低总福利；反之，当税率水平较高使得购买二套房的总人数较少时，避税可以提高总福利。

图 4-10 给出了避税成本服从均匀分布时的情形。当税较低时，无论在 D 还是 ND 状态下，所有消费者都购买二套房，此时交易量是恒定的，但模型 D 下产生了避税成本，而该成本并没有被政府收到，属于社会净损失。所以，此时对应了 $W^D<W^{ND}$，即避税降低了总福利。

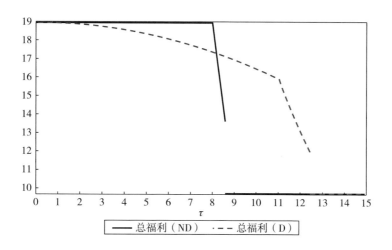

**图 4-10　避税成本服从均匀分布时的总福利**

反之，若增税到一定临界值时，在不允许避税的 ND 状态下，由于消费者无法选择避税，对二套房的需求开始因税增加而递减。然而，在允许避税的 D 状态下，购买二套房的消费者选择最低的成本，因此对二套房的需求比在 ND 状态下更高（见图 4-9），此时对应了 $W^D>W^{ND}$。

在均匀分布的例子中，当税较低时，那些在模型 ND 中不买第二套房，但在模型 D 中因买第二套房而避税的消费者数量较少。此时不论是否避税都坚持买二套房的消费者的数量较多，因此后者产生较高的避税成本。忽略避税的可能性则导致总福利被高估。当税较高时，在所有买二套房的消费者中，避税者数量较多，这意味着税对需求的扭曲程度开始下降。由于购第二套房的价值必须高于避税成本，则当税较高的时候，模型 D 中的总福利将高于模型 ND 中的水平。

### 二、消费者剩余

首先，考察不允许避税的 ND 状态下，对二套房征税对消费者总剩余的影响。消费者总剩余可表示为：

$$CS^{ND}(\tau) = \begin{cases} \int_0^{x^s}(v - tx - p_0)dx + \int_{x^s}^1[v - t(1 - x) - p_1]dx, \ \tau \geqslant v - \sqrt{2t} \\[2mm] \int_0^{x^1}(v - tx - p_0)dx + \int_{x_0}^1[v - t(1 - x) - p_1]dx \\[2mm] \quad + \int_{x_1}^{x_0}(2v - t - p_0 - p_1 - \tau)dx, \ v - 2t \leqslant \tau \leqslant v - \sqrt{2t} \\[2mm] \int_0^1(2v - t - p_0 - p_1 - \tau)dx, \ \tau \leqslant v - 2t \end{cases} \quad (4-15)$$

显然，当税过高使得没有消费者购买二套房时，增税不影响消费者剩余。但对于后两种情况，即部分或所有消费者都买二套房时，增税对消费者剩余的影响为：

$$\frac{dCS^{ND}}{d\tau} = \begin{cases} \dfrac{\tau - (v - 2t)}{2t} > 0, \ \tau > v - 2t \\[3mm] 1, \ \tau < v - 2t \end{cases} \quad (4-16)$$

式（4-16）表明，增加对二套房的征税，在存在购买二套房需求的前提下，一定会提高消费者总剩余。这是因为征税对房价有很强的抑制效应，使得消费者总开支减少（见图 4-11）。

其次，考察引入避税可能性之后，消费者剩余的变化情况。从直觉上来说，相比不能选择避税的 ND 状态而言，在允许选择避税 D 状态下，消费者多了一层选择，读者可能会认为 D 状态下的消费者剩余要高于 ND 状态，然而结果却不然。为了得到 D 状态下的消费者剩余表达式，可以这样考虑：

当税较高使得没有消费者购买二套房时，税对均衡结果无影响，由于没有人买二套房，也不发生避税行为，因此不影响消费者剩余。

当税较低使得存在某些消费者购买二套房时，有些消费者交税购买，有些消费者避税购买。给定税率 $\tau$，在购买二套房的消费者的效用函数中，除了价格之外，额外的支付或损失要么是交的税要么是产生的避税成本。换言之，除价格之外，额外的期望损失或支付为：

$$E[\min\{\mu,\tau\}] = \int_0^\tau \mu g(\mu)d\mu + \int_\tau^{\bar\mu} \tau g(\mu)d\mu$$

上式的第一项等同于：

$$\int_0^\tau \mu dG(\mu) = \tau G(\tau) - \int_0^\tau G(\mu)d\mu$$

第二项可化简为：

$$\int_\tau^{\bar\mu} \tau g(\mu)d\mu = \tau[1 - G(\tau)]$$

二者之和刚好就是：

$$\tau - \int_0^\tau G(\mu)d\mu = \mathscr{C}$$

即定义 4-2 中对"实际成本"的定义 $\mathscr{C}$。

所以，引入避税情形下的消费者剩余表达式，即可将式（4-15）中的 $\tau$ 都替换成 $C$，即：

$$CS^D(\tau) = \begin{cases} \int_0^{x^S}(v - tx - p_0)dx + \int_{x^S}^1 [v - t(1-x) - p_1]dx, & \mathscr{C} \geqslant v - \sqrt{2}t \\[2mm] \int_0^{x_1}(v - tx - p_0)dx + \int_{x_0}^1 [v - t(1-x) - p_1]dx \\[2mm] \quad + \int_{x_1}^{x_0}(2v - t - p_0 - p_1 - C)dx, & v - 2t \leqslant \mathscr{C} \leqslant v - \sqrt{2}t \\[2mm] \int_0^1 (2v - t - p_0 - p_1 - C)dx, & \mathscr{C} \leqslant v - 2t \end{cases}$$

在不考虑"没有人买二套房"的情形下，消费者总剩余对税率的导数为：

$$\frac{dCS^D}{d\tau} = \begin{cases} \dfrac{\mathscr{C} - (v - 2t)}{2t}[1 - G(\tau)], & \mathscr{C} > v - 2t \\[2mm] 1 - G(\tau), & \mathscr{C} < v - 2t \end{cases} \tag{4-17}$$

比较式（4-16）和式（4-17）可知，导数符号都为正，即增加对第二套房的征税，不论是否存在避税，都会提高消费者总剩余。但在引入避税的可能性之后，均衡结果等比例缩减了 $1 - G(\tau)$，即选择避税的消费者所占的比重。因此，相比 ND 状态而言，引入避税可能性会降低消费者总剩余。

该结果的直觉在于考察消费者的总开支。消费者的总开支包括价格、税和避税成本三部分。对于一个给定的征税水平，在考虑避税可能性的模型 D 中，价格和避税成本一定高于其在不考虑避税可能性的模型 ND 中的水平。虽然价格会因避税而提高，但如果不允许避税，则打算买二套房的消费者可能会因税太高而放弃购买二套房，但如果允许他们选择避税，则有可能导致消费者总开支提高。在 ND 状态下，消费者总开支（包括价格和税收）以及避税成本更低。给定某个征税水平，只买一套房的消费者的总开支会因避税而降低，购买二套房的消费者的总开支会因避税率而上升，且后者的变动幅度超过前者。

图 4-11 展示了不允许避税和允许避税两种均衡状态下，消费者总剩余的相对大小。

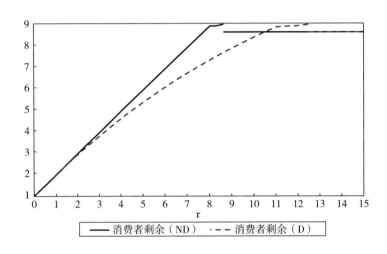

**图 4-11 避税对消费者剩余的影响**

# 第五节 本章小结

本章研究了对购房数量进行限制，或对二套房征税以及避税对房地产市场的均衡及其资源配置效率的影响。如果对购买第二套房进行征税，则导致价格下降，厂商利润减少，消费者剩余提高。但同时，住房交易数量下降，进而导致了净损失，减少了总福利。

本章假设不同消费者的避税成本存在异质性，厂商不知道具体某个消费者的避税成本，但知道避税成本的分布函数，并据此制定价格。给定对第二套房的征税额度，有些消费者选择只买一套，有些消费者选择交税购买两套，有些消费者选择避税购买两套。特别地，对于购买两套的消费者而言，当避税成本高于征税水平时，则交税购买；当避税成本低于征税水平时，则避税购买。

所以，当厂商进行定价的时候，会以避税成本和征税水平所共同决定的除价格之外所发生的实际成本来衡量需求。这个由避税和税所共同决定的实际成本的大小，可以由统计占优性质来量化。具体而言，被随机占优的分布函数对应了较低的避税成本均值，并对应了较高的需求或较高的价格。

因此，相比不考虑避税可能性的模型而言，引入避税行为提高了均衡价格，降低了消费者剩余，提高了总产出，并在一定程度上对税收的影响起到了反作用。此外，本章强调避税在一定程度起到了再分配的效应。对于不避税或者不买二套房的消费者而言，他们并非与避税行为无关——在该静态模型中，避税导致的价格上涨会传导或转嫁到所有消费者身上。

另外，虽然征税导致了净损失，避税与征税起到了相反的作用，但本章的模型认为，其他条件不变，相比没有避税的状态，给定相同的征税水平，存在避税的状态不一定对应着更高的总福利。一方面，在不存在避税可能性的模型中，一个购买一套或两套无差异的消费者，会因征税而放弃购房第二套房，所以引入避税的选项使得边际消费者增加了购买数量，进而提高了总福利；但另一方面，在不存在避税选项的状态中，坚定购买二套房的消费者不会因税的边际调整而改变购买决定，但如果允许避税，那么一部分消费者产生避税成本，他们的购买数量并没有改变，却因产生了避税成本，导致了社会福利净损失。

# 第五章

# 教育配套对资源配置效率的影响

## 第一节　引　论

在第三章和第四章，分别讨论了消费者是否能购买，以及能购买多少数量的问题。但在这两章中，均假设消费者购买不动产的主要目的就是居住，而没有考虑其他功能。此时，评价资源配置效率的标准在于比较消费者对居住的边际效用。

但在现实中，人们购买不动产除了考虑居住效用之外，还会考察周边附带或配套的公共资源。例如，教育、医疗、交通和商超等"地址固定"的公共资源。在这一现象背后，有两个值得思考的问题：第一，包括受教育在内的城市公共资源，是如何体现在周边房产的溢价上的？第二，如果购房的同时获得了周边的教育资源，那么居住和教育两个维度的资源，是否都得到了最有效的配置？

例如，假设只有一个学校和两个房子的情形，其中一栋房子距离学校较近，另一栋距离学校较远。有两位购房者，其中一位偏好距离学校更近的住房且支付意愿较高；而另一位购房者刚好有一位适龄入学的孩子，但他对该房子的支付意愿相比前者更低。所以最后有更大的概率，学校附近的住房被前者所购得。如果不按"就近入学"，而是采用考试或教育维度的标准来决定入学，则居住和教育资源的配置都是有效的——消费者根据支付意愿来购买住房，该地区根据教育需求来配置资源。然而，假如只有购买学校附近的房屋才能入学，则教育资源并没有得以充分利用。

上述问题之所以产生，是当缺乏一个有效率的学校匹配的竞争性"市场"

时，教育资源的利用在一定程度上由配套的居住环境所决定。而消费者对居住的选择，从其事物属性上并不跟教育匹配直接相关。因此，本章研究了消费者如何选择住房与相关的配套教育资源这一组合商品，并提出相关政策建议以促进居住和教育两个维度的资源配置效率。

本章关注规范分析，即居住和教育两个维度的资源配置效率问题。因此，本章在一般均衡模型的基础上，引入居住质量、教育资源丰富程度、支付意愿和家庭类型的异质性。交易者必须同时选择居住质量及其配套教育资源，不能单独只选择居住质量或教育资源。通过比较支付意愿和居住质量之间，以及家庭类型和教育资源之间的匹配质量（PAM 或 NAM），本章讨论了居住和教育两个维度的资源配置效率问题。

为了促进资源在居住和教育两个维度的完美匹配，本章考虑了一种新型政策设计方案，即基于教育资源的合理配置而给予补贴或资助。在欧美国家，业主需要缴纳一定的税费，用来资助本区域公共设施的运作和维护。在此基础上，可以考虑对成绩较为优异的学生的家庭给予一定的税收减免或奖励，以鼓励教育资源的充分利用。但与此同时，基于教育资源配置所实施的补贴政策，在一定程度上会影响居民的购房选择，所以最优的税收或补贴政策应当权衡居住和教育两个维度的资源配置。

# 第二节　模型设置：基准配置

为了同时考虑居住质量和教育资源的合理配置，需要考虑住房及其配套资源的空间异质性。假设一个城市由两个区域 H 和 L 所组成。每个区域包含一个单位的居住资源和一定的教育资源。第 $i$ 个区域的居住质量记为 $x_i$，教育资源的丰富程度记为 $s_i$。本章假设 $x_H > x_L$ 以及 $s_H > s_L$，即 H 区域的教育资源更为丰富，且质量是外生因素决定的。

假设该城市中只有两个消费者，记为 A 和 B。不妨假设 A 具有入学需求，B 没有入学需求。A 和 B 对居住的支付意愿分别记为 $\theta_A$ 和 $\theta_B$。其中，$\theta_i$ 取值越大，代表消费者的支付意愿越高。定义向量 $\theta = \{\theta_A, \theta_B\} \in [0, 1]^2$，并以假设 5-1 来定义消费者偏好的联合分布。

**假设 5-1**　消费者的估值 $\boldsymbol{\theta}$ 分布于一个紧集：$\Theta = [0, 1]^2$ 上，且 $\theta_A$ 和 $\theta_B$

独立同分布，其联合密度函数为 $f_\theta(\theta)$，概率分布函数为 $F_\theta(\cdot)$，并且密度函数对 $\theta_A$ 和 $\theta_B$ 可微。

简言之，假设 5-1 认为消费者的支付意愿与教育类型无关。比如，$\theta_A$ 有可能高于也有可能低于 $\theta_B$。比如，相比 B，A 既有可能更在乎居住质量，也有可能不那么在乎居住质量。

与第三章类似，对于消费者 $j$ 而言，消费质量为 $x_i$ 的住房可获得 $\theta_j u(x_i)$ 的居住效用。同时，配套的教育资源可带来 $\rho_j r(s_i)$ 的效用。其中，$r(s_i)$ 是对 $S_i$ 单调递增的函数。对于居住效用而言，假设 $u'(\cdot)>0$ 且 $u''(\cdot)<0$。参数 $\rho_j>0$ 表示消费者对配套教育资源的重视程度。每个消费者至少并最多选择一个单位的房产，且初始状态下，两个消费者分别具有一处房产禀赋。如果选择居住在区域 $i$，则消费者 $j$ 所获效用为：

$$\theta_j u(x_i)+\rho_j r(s_i)+货币计价物$$

根据上述设定可知，其他条件不变，所有的消费者都严格偏好 $H$ 区域。根据假设 5-1，两个消费者的偏好在 0 和 1 之间取值，且与教育资源丰富程度无关。换言之，虽然所有人都偏好 $H$ 区域，但若 $\theta_A<\theta_B$，意味着 A 的支付意愿较低；反之若 $\theta_A>\theta_B$，则意味 A 的支付意愿更高。

## 一、匹配与二维均衡

每个消费者可以从以下两个选项中做出选择：要么消费自己的禀赋；要么与另外一位消费者进行交易。若双方进行交易，令 $p_i$ 为区域 $i$ 住房的交易价格。初始状态下有两种情况：①A 类型消费者在初始状态下拥有 $H$ 区住房（则 B 类型消费者的禀赋为 $L$ 区住房）；②B 类型消费者在初始状态下拥有 $H$ 区住房（则 A 类型消费者的禀赋为 $L$ 区住房）。

对于第一种情况而言，若双方不交易且消费各自的禀赋，则 A 类型消费者所获得的效用为 $\theta_A u(x_H)+\rho r_H$；若双方都同意以 $\{p_H, p_L\}$ 的价格进行交易（即 A 把 $H$ 区住房以较高的价格卖给 B，从 B 手中以较低的价格购买 $L$ 区位房），则 A 类型消费者所获得的效用为 $\theta_A u(x_L)+\rho\theta_A r_L-p_L+p_H$，B 类型消费者的效用为 $\theta_B u(x_H)+\rho\theta_B r_H-p_H+p_L$。

同理，可以求得当禀赋以第二种情况来分布时，双方交易或不交易分别所获得的效用。

综合上述两种情况，每个消费者通过交易或不交易来最大化自身效用。此时，瓦尔拉斯一般均衡（竞争性均衡）被定义为一个市场出清的状态，在该状态下，两个消费者都没有动机偏离均衡时所选择的区域。这样，当且仅当下式成立时，均衡时 A 类型消费者选择 H 区，且 B 类型消费者选择 L 区：

$$\theta_A > \theta_B - (\rho_A - \rho_B) \frac{r(s_H) - r(s_L)}{u(x_H) - u(x_L)} \tag{5-1}$$

根据假设 5-1，可知式（5-1）并不一定成立。换言之，如果 $\theta_A$ 不够大，在均衡时并不一定保证 A 可以获得更为丰富的教育资源。

本章的主要目的是强调在就近入学的前提下，式（5-1）并不一定总成立。而给定住房和教育配套组合，式（5-1）是否成立取决于四个参数之间的相对大小。为了简化分析，下文假设无论 A 还是 B，更重视居住环境的消费者也更重视周边配套资源，只不过两者相对的重要性对于 A 和 B 而言是一样的。可以验证，按照 $\rho = \rho_j / \theta_j$，则式（5-1）等价于：

$$\theta_A > \theta_B \tag{5-2}$$

换言之，根据假设 5-1，式（5-2）只是整体参数空间的一个子集，这说明简化 $\rho = \rho_j / \theta_j$ 可以避免复杂的计算，但并未改变"竞争性均衡不一定能保证 A 获得更为丰富的教育资源"这一论断。

接下来，为了界定居住和教育两个维度的资源配置效率的标准，引入定义 5-1 和定义 5-2 来正式从匹配的角度来定义资源配置是否"有效率"。

**定义 5-1** （居住匹配）如果居住的边际效用较高的消费者选择了 H 区住房（此时边际效用较低的消费者选择 L 区住房），则住房市场得到了有效的匹配（Positive Assortative Matching，PAM），否则住房市场并未得到合理匹配（Negative Assortative Matching，NAM）。

**定义 5-2** （教育匹配）如果 A 获得更为丰富的教育资源，则学生与学校之间达到了有效匹配（PAM），否则称教育资源被错配（NAM）。

在既有文献中，有时将 PAM 也称为"正向匹配"或"完美匹配"。在本章中，PAM 意味着教育资源得以充分利用。

例如，当两个消费者的联合估值符合式（5-2）时，A 与 H 得以匹配，同时消费者 A 的边际效用较高，消费了 H 区域。则根据定义 5-1 和定义 5-2，居住和教育两个维度的匹配是有效率的。否则当式（5-2）不成立时，居住维度的匹配有效率，但教育资源未得以充分利用。

这样，根据假设 5-1 定义的估值联合分布，均衡下所有可能的匹配特征可以被总结成两个互斥的集合，分别表示为：

在 $\Theta_u = \{ \boldsymbol{\theta} \subset \boldsymbol{\Theta} \mid \theta_A > \theta_B \}$ 内，居住和教育维度的匹配均是有效率的；

在 $\Theta_u = \{ \boldsymbol{\theta} \subset \boldsymbol{\Theta} \mid \theta_A < \theta_B \}$ 内，居住维度的匹配有效率，但教育资源被错配。

需要注意的是：

第一，给定一组二维匹配，其对应的估值分布集合的下标表示其是在居住还是在教育维度得到了完美匹配。例如，下标 $u$ 表示居住维度的匹配是 PAM，同理下标 $r$ 表示教育维度的匹配是 PAM。如果两个下标同时出现，意味着两个维度的匹配同时是 PAM。否则如果只出现一个下标，则表示只有该维度的匹配是 PAM，另一个维度是 NAM。

第二，如果两个消费者对选择这两个区域无差异（Extensive Margin），此时对应的估值分布以 $\Theta_{ur}$ 和 $\Theta_u$ 之间的分割线［或者说图 5-1（a）中的 45 度线］来表示。在该无差异条件成立时，式（5-2）取等号。

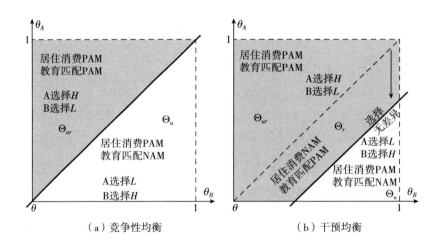

（a）竞争性均衡　　　　　　（b）干预均衡

**图 5-1　均衡的二维匹配**

## 二、社会最优

社会总福利既要考虑居住效用，也要考虑教育资源的利用情况。社会总福利 $W$ 定义为居住效用的加总（$U$），以及"教育产出"（Educational Outcome）（$R$）之和。其中，居住总效用是两个消费者的私人居住效用的线性加总；而这里定义的"教育产出"指的是从社会的角度而言，教育资源匹配所产生的社会价值。

　　从居住效用的角度来说，由于总效用是个体效用的加总，所以社会计划者更偏好 PAM。

　　对于教育的社会价值而言，假设两种可能的情况：A 匹配 H 同时 B 匹配 L；或 A 匹配 L 同时 B 匹配 H。显然，由于 B 不存在入学需求，所以前一种匹配所产生的社会价值大于后者。

　　具体而言，令 $\omega_d$ 表示 A 与教育资源匹配的权重值，令 $\omega_u$ 表示 B 与教育资源匹配的权重值。因此，$\omega_d > \omega_u \geq 0$。教育的正向匹配所产生的社会价值为 $\omega_d r(s_H) + \omega_u r(s_L)$，其高于负向匹配的社会价值 $\omega_u r(s_H) + \omega_d r(s_L)$。

　　社会总福利可以表示为：

$$W = \begin{cases} \theta_A u(x_H) + \theta_B u(x_L) + \omega_d r_H + \omega_u r_L, & \boldsymbol{\theta} \subset \Theta_{ur} \\ \theta_A u(x_L) + \theta_B u(x_H) + \omega_d r_L + \omega_u r_H, & \boldsymbol{\theta} \subset \Theta_u \end{cases} \tag{5-3}$$

　　令 $\Delta r := r_H - r_L > 0$，则 $(\omega_d - \omega_u)\Delta r > 0$ 表示从社会的角度而言，从 NAM 到 PAM，教育匹配的转变所创造的额外价值。该增加值随着社会对匹配的偏好 $\omega_d - \omega_u$ 或教育资源分布的差异程度而递增。

　　通过比较个体效用函数和社会福利函数（5-3），可以发现在对教育资源的选择上，个体与社会的偏好可能存在不一致。从社会的角度来说，让 A 匹配 H 可为社会创造更多的教育价值。而消费者的角度来说，A 的确认为 H 好于 L，但匹配 H 创造多少的社会价值，是次要问题。$\rho\theta_A$ 体现了消费者对居住和教育的不同偏好。所以，从社会的角度来说，PAM 意味着更多的社会价值；而从消费者的角度来说，其只关心自身的匹配状态，并不关心他人或者整体的匹配状态。

　　社会和消费者对教育的偏好之间的差异在某种程度上体现了教育的外部性。在图 5-1（a）中，阴影区域对应了教育匹配是 PAM。因此，社会所偏好的教育匹配只是全体参数空间的一个子集。换言之，教育维度两种匹配类型发生的概率都小于等于 1，此时，资源配置并不一定总是有效率的。

　　从另一个角度来说，消费者和社会对教育的偏好之间的差异反映了竞争性的瓦尔拉斯均衡由于外部性的存在使得总福利没有达到社会最优的水平（福利经济学第一定理）。假设社会福利函数在居住和教育两个维度上具有超模（Supermodular）性质，如果消费者 A 的支付意愿较低，则无法同时达到居住和教育两个维度的 PAM 匹配。

　　**假设 5-2**　（Supermodularity）社会福利函数，即式（5-3）对居住和教育两个维度而言具有超模性质。

根据假设 5-2，如果住房和教育两个维度均是 PAM 匹配，此时社会福利达到最大值。我们将该状态定义为社会最优（First-Best）配置。而瓦尔拉斯均衡能够达到社会最优配置的充分条件是式（5-2）成立。显然，在现实中，式（5-2）不一定总成立。接下来，笔者先定义一个基准配置（Benchmark），在该基准配置的情况下，即使 $\theta_A < \theta_B$，社会福利也可以达到最大化。

社会最优的基准配置——在本章的模型设定下，如果教育资源已经得以充分利用且与购房无关，则瓦尔拉斯均衡在居住和教育两个维度都达到了资源的有效配置。

无论 $\theta_A$ 是否高于 $\theta_B$，住房市场上的竞争性均衡一定能够使居住资源得以合理配置。瓦尔拉斯均衡一定意味着边际效用较高的消费者会选择高质量的消费品。

与前两章类似，用上标 A 表示社会最优的资源配置，则：

$$U^A = \max\{\theta_A, \theta_B\} u(x_H) + \min\{\theta_A, \theta_B\} u(x_L)$$

$$R^A = \omega_d r(s_H) + \omega_u r(s_L)$$

**公理 5-1** （社会最优配置）在教育资源得以充分利用的前提下，竞争性均衡等价于社会最优配置。

然而在现实中，出于种种原因可能并不存在完美的教育市场，这导致在集合 $\Theta_u$ 中，A 的支付意愿较低，从而导致教育资源未得以充分利用。

# 第三节　政策设计

在本节中，给定居住质量和教育资源的配套组合，我们研究如何设计相关政策来最大化社会福利，使其达到次优配置。

如上文所述，居住质量、教育丰富程度和消费者估值的分布函数，即假设 5-1 是公共知识。教育匹配结果可以被观测到，但消费者个人的具体估值是私人信息（只知道分布）。参照美国一些社区的财政管理制度（即本区域的业主需要缴纳一定的税费用来维持本区域的公共设施运作），我们可以考虑如下干预措施：为了引致 A 选择 H 区域，政府要求但凡选择 H 区域的消费者必须缴纳一定数量的税来维持 H 区域教育资源的运作。如果 H 区域的教育资源得以有效利用（教育匹配为 PAM），则该税额得以返还（如以奖学金的形式）；反之如果观测到教育匹配缺乏效率，则不能返还。因此，可将这样的一种规则视为"条件减免"（Conditional Deductibility）机制。

具体而言，选择 H 区域的消费者需缴纳 $\tau \geqslant 0$，而另一个消费者不需要交税。如果 A 选择 H 区域，则其获得相同数额的减免额。如果 B 选择 H 区域，则不会得到减免，所交税费纳入财政收入。同时，选择 L 区域不需要交税。在只有两个区域和两个消费者的设置下，$\tau$ 的大小可以近似看作一种跨区的"累进性"，这样的累进性反映了基于提高教育的社会价值而对消费者类型的区别对待程度。

### 一、条件减免机制

令 $\Delta u := u(x_H) - u(x_L)$ 表示选择两个区域的效用之差。因此，对于 A 而言，如果从 L 区搬至 H 区，其效用增量为（不考虑价格）：

$$\theta_A(\Delta u + \rho \Delta r)$$

同理，对于 B 而言，如果从 L 区搬至 H 区，则其获得的效用增加值为：

$$\theta_B(\Delta u + \rho \Delta r) - \tau$$

在均衡时，当且仅当如下条件成立时，A 消费者会选择 H 区：

$$\theta_A > \theta_B - \frac{\tau}{\Delta u + \rho \Delta r} \tag{5-4}$$

当条件（5-4）成立时，教育匹配是 PAM，在图 5-1（b）中对应了阴影区域。相应地，由于引入了 $\tau$，二维匹配的性质所对应的消费者偏好可分为如下三种情况：

当 $\Theta_{ur} = \{\boldsymbol{\theta} \subset \Theta \mid \theta_A > \theta_B\}$ 时，居住和教育匹配都是有效的；

当 $\Theta_r = \{\boldsymbol{\theta} \subset \Theta \mid \theta_B > \theta_A > \theta_B - \frac{\tau}{\Delta u + \rho \Delta r}\}$ 时，教育匹配有效，但居住资源被错配；

当 $\Theta_u = \{\boldsymbol{\theta} \subset \Theta \mid \theta_A < \theta_B - \frac{\tau}{\Delta u + \rho \Delta r}\}$ 时，居住匹配有效，但教育资源被错配。

所以，$\tau$ 的引入并没有改变 $\Theta_{ur}$ 中的匹配性质，但改变了选择两个区域的无差异条件，即消费者对于交易与否无差异的条件。该无差异条件被 $\tau$ 所改变，根据定义 5-1 和定义 5-2，征税产生了额外一种匹配的可能性。通过比较图 5-1（a）和图 5-1（b）可以发现，增税使得 B 消费 H 区域遭到惩罚，并使 A 消费 H 区域的可能性增加。所以，虽然增税在教育维度上产生了积极作用，但却导致居住维度的资源被错配，即在 $\Theta_r$ 中，由于 $\theta_A < \theta_B$，A 对居住的边际效用较低（支付意愿较低），但却最终消费了 H 区域。

这样，最优的政策设计应当对居住和教育这两个维度的匹配进行权衡。显然，如果 $\tau=0$，则无差异条件与45度线重合，且 $\Theta_r=\varphi$。如果 $\tau$ 增加并超过了 $\Delta u+\rho\Delta r$，则 A 以概率1选择 $H$ 区域，此时 $\Theta_u=\varphi$。下文集中讨论是否存在一个最优税使社会福利得以最大化。

### 二、条件减免对居住的影响

由居住产生的总效用可表示为：

$$E(U) = \int_{\Theta_{ur}\cup\Theta_r} \underbrace{(\theta_A u(x_H) + \theta_B u(x_L))}_{A选择H且B选择L}\, dF_\theta(\boldsymbol{\theta}) +$$

$$\int_{\Theta_u} \underbrace{(\theta_B u(x_H) + \theta_A u(x_L))}_{A选择L且B选择H}\, dF_\theta(\boldsymbol{\theta}) \tag{5-5}$$

为了量化税对居住效用的影响程度，需要引入弹性的概念。因此，假定效用函数 $u(\cdot)$ 采用第三章中所定义的 CRRA 形式（Iso-Elastic），并以 $\sigma$ 表示对居住质量的需求弹性的倒数，则：

$$u(x)=\begin{cases} \dfrac{x^{1-\sigma}-1}{1-\sigma}, & \sigma\in[0,\ 1) \\[2mm] \log(x), & \sigma=1 \end{cases}$$

增税导致在 $\Theta_r$ 区域内，消费者更有可能发生交易，这导致了一种扭曲：A 的边际效用或支付意愿较低，但消费了 $H$ 区。居住总效用从税前的 $\theta_B u(x_H)+\theta_A u(x_L)$ 降低到税后的 $\theta_A u(x_H)+\theta_B u(x_L)$，该交易所产生的损失为：

$$(\theta_B-\theta_A)\Delta u>0 \tag{5-6}$$

**引理 5-1** 给定一个正的 $\tau$，居住总效用的变动幅度随对居住质量的需求弹性的提高而递增，即：

$$\frac{\partial\Delta u}{\partial(1-\sigma)}>0$$

其中，$\sigma=-\dfrac{xu''(x)}{u'(x)}$ 表示对居住质量的需求弹性的倒数。

引理 5-1 非常直观，考虑一对递增且凹向原点的效用函数。在均衡消费选择下，边际效用由切线的斜率表示。这样，如果弹性越小，两条效用函数的弧度越大，意味着两条切线斜率之差越小。切线斜率之差越小，表示边际效用之差越小，政策导致的扭曲程度越低。

### 三、条件减免对教育的影响

从社会角度来说，期望或平均教育所产生的价值为：

$$E(R) = \int_{\Theta_{ur} \cup \Theta_r} \underbrace{(\omega_d r_H + \omega_u r_L)}_{PAM} \, dF_{\boldsymbol{\theta}}(\boldsymbol{\theta}) + \int_{\Theta_u} \underbrace{\omega_d r_L + \omega_u r_H}_{NAM} \, dF_{\boldsymbol{\theta}}(\boldsymbol{\theta}) \tag{5-7}$$

令 $\pi(\tau) = \Pr(\Theta_{ur} \cup \Theta_r)$ 为教育资源有效配置的概率，则教育所产生的价值，即式（5-7）也可以表示为：

$$\pi(\tau)(\omega_d - \omega_u)\Delta r + \omega_d r_L + \omega_u r_H$$

其中，教育价值随 $\pi(\tau)$ 递增，随社会对 PAM 的偏好 $\omega_d - \omega_u$ 递增，且随教育资源差异递增。

**引理 5-2**　教育资源有效配置的概率以及期望教育产出水平是 $\tau$ 的非减函数。

由于 $\tau$ 的增加扩大了 $\Theta_r$ 的面积，使得 B 更不愿意消费 $H$ 区域［图 5-1（b）中的阴影区域面积扩大］，所以税在不同消费者之间产生了区别对待，并引致教育资源的有效匹配。从 NAM 变为 PAM，教育所产生的价值会增加 $\Delta r$。

当教育资源被错配时，参数 $\rho$ 体现了社会与消费者对教育偏好的差异程度。如果教育维度的匹配从 NAM 变为 PAM，社会对此的估值为 $(\omega_d - \omega_u)\Delta r$，而消费者对此的估值为 $\rho(\theta_A - \theta_B)\Delta r$。令教育外部性的增加值为：

$$\Delta r((\omega_d - \omega_u) - \rho(\theta_A - \theta_B))$$

上式体现了如果教育匹配从 NAM 变为 PAM，这样的转变对社会和消费者的影响有何差异。

**引理 5-3**　当教育匹配为 NAM 时，则教育的外部性随消费者对教育的重视程度而递增。

**证明：**教育的外部性 $\rho$ 求一阶导数在 $\Theta_r$ 区间内为正，此时教育匹配从 NAM 转为 PAM，即：

$$\frac{\partial}{\partial \rho}((\omega_d - \omega_u) - \rho(\theta_A - \theta_B)) \mid_{\theta_A, \theta_B \subset \Theta_r} = \theta_B - \theta_A > 0$$

引理 5-3 意味着当个体对教育的重视程度较高时，教育会呈现出高度资本化（Capitalization Into Home Values）的趋势。$\rho$ 在某种意义上体现了支付意愿和受教育类型分布的不一致程度。因此，更累进的 $\tau$ 能够在一定程度上纠正这种不一致性。

## 四、居住和教育之间的权衡

增加 $\tau$ 使得教育的社会价值增加，但居住总效用下降。当前者高于后者的绝对值时，总福利增加。

**定理 5-1**　（居住与教育的权衡）相比 $\tau=0$ 的均衡状态，至少可以找到某个正的 $\tau$，使得：

（ⅰ）教育的社会价值增加；

（ⅱ）居住总效用下降；

（ⅲ）总福利一定增加，即（ⅰ）的变动幅度超过（ⅱ）。

对于（ⅰ）而言，税对教育匹配的影响可通过引理 5-2 说明，即增税引致了交易无差异条件向下移动，通过促使消费者之间进行交易来改变教育匹配性质。对于（ⅱ）而言，根据引理 5-1，税收对居住的影响可以用弹性来度量。对于（ⅲ）而言，注意在不征税的时候，增税只会对 $\theta_A=\theta_B$，即位于 45 度线的消费者产生影响，促使他们之间进行交易。在增税之前，两个消费者对是否交易无差异，而增税促进了交易，使得 A 一定选择 H 区域。所以，居住总效用的变化值 $(\theta_B-\theta_A)\Delta u$ 在 $\theta_A=\theta_B$ 这条线上近似为零，而教育的社会价值的变化值 $(\omega_d-\omega_u)\Delta r$ 则一定为正。

## 五、次优配置

次优配置定义为（以上标 $B$ 表示）：

$$W^B=\max_\tau U^B+R^B$$

诚然，如果从教育资源的配置角度来说，NAM 和 PAM 差异不大，但对于居住维度而言，当 NAM 和 PAM 差异很大时，增税也有可能导致对后者的扭曲程度超过前者。例如，假设 $\tau$ 必须非常大才能引致 A 选择 H 区域，这对应着在交易与否的无差异处，A 对居住的边际效用非常低，此时交易之后会导致居住资源较大的错配幅度，此时过高的税反而会适得其反。

基于对效用函数和社会福利函数的假设，总福利随增税而呈现出"倒 U"形，这意味着存在某个内点解或角点解 $\tau^*$ 使总福利得以最大化。

**定理 5-2**　（最优税）使福利最大化的最优税为：

$$\tau^*=\begin{cases}(\omega_d-\omega_u)\dfrac{\Delta r}{\Delta u}(\Delta u+\rho\Delta r)，& \omega_d-\omega_u\leq\Delta u/\Delta r\\[2ex](\Delta u+\rho\Delta r，+\infty)，& \omega_d-\omega_u>\Delta u/\Delta r\end{cases} \tag{5-8}$$

其中，当出现下列情况时，应当实施更高的$\tau^*$：

（ⅰ）消费者对居住质量的需求弹性较低（或$\sigma$较大）；

（ⅱ）教育资源分布较为不平衡，或$\omega_d - \omega_u$较大；

（ⅲ）参数$\rho$的取值较大。

定理5-2中的（ⅰ）对应了Ramsey税收法则（Ramsey，1927）。征税扭曲了个体对居住的最优选择。在自由市场的竞争性均衡下，一定是边际效用更高的消费者选择质量更高的商品。引理5-1表明，税收引致的扭曲会随居住效用之差而增加，或者说居住质量需求弹性越高，税收导致的扭曲程度更大，此时不应当设置较高的税。

对于（ⅱ）而言，显然，该政策的主要目的是提高教育资源有效配置的概率，所以如果教育维度PAM对应的价值越高，那么征税幅度应当越大。进一步地，社会对教育维度PAM的偏好权重为$\omega_d - \omega_u$，两种匹配的产出差异为$\Delta r$。这种教育产出差异越大，则越应当鼓励教育维度的完美匹配。

（ⅲ）中的逻辑与引理5-3是一致的。给定社会与消费者对教育的偏好不一定一致，若对教育资源的偏好与居住偏好高度相关，意味着教育资源的配置更依赖于居住质量的选择，而从社会整体角度来说并不一定合理。一般来说，给定估值和偏好，如果$\rho$越大，意味着消费者越重视教育，那么只有当A的支付意愿较高的时候，越大的$\rho$是越有利于社会的。反之，如果是B的支付意愿较高，且更重视教育，则此时教育匹配是缺乏效率的。因此，条件减免机制在这种情况下是对这样一种不一致进行了矫正。

最优税如何矫正资源在两个维度的匹配效率可以从个体面对征税时的选择激励变化来说明：将$\tau^*$代入均衡式，对应着两个消费者对选择两个区域无差异，此时社会对教育匹配的偏好完全抵消了住房市场上被税所扭曲的程度，即存在一个$\sigma^*$使得$(\omega_d - \omega_u)\Delta r = (\theta_B - \theta_A)\Delta u$成立。

换言之，如果实施了最优税，消费者对两个区域的估值或支付意愿收敛于社会最优水平，教育的外部性完全被内部化。

## 六、配套设施的质量组合

接下来，我们讨论$x_H < x_L$且$s_H > s_L$的情况。这种情况下，意味着$H$区的教育资源相对丰富，但居住质量较差，而对于$L$区，情况正好相反。对此，进一步可分为两种情况：给定$x_H < x_L$的基础上，$\Delta u + \rho \Delta r$即可能为正也可能为负。

当 $\Delta u + \rho \Delta r > 0$，且式（5-4）成立时，教育匹配是 PAM。但是，当 $\theta_A > \theta_B$ 时，居住消费匹配却是 NAM。当 $\theta_A < \theta_B - \dfrac{\tau}{\Delta u + \rho \Delta r}$ 成立时，教育和居住的匹配都是 NAM。

只有当 $\theta_B - \dfrac{\tau}{\Delta u + \rho \Delta r} < \theta_A < \theta_B$ 成立时，两个维度才能同时达到完美匹配。因此，增税一定会提高总福利。此时，最优税为无穷大，这相当于式（5-8）中的一个特例。

对于 $\Delta u + \rho \Delta r < 0$ 的情况而言，分析是对称的。在如下条件成立时，教育匹配是 PAM：

$$\theta_A < \theta_B - \dfrac{\tau}{\Delta u + \rho \Delta r} \tag{5-9}$$

其中，式（5-9）的第二项是负的。当 $\theta_A < \theta_B$ 时，居住和教育匹配都是完美的。当 $\theta_B < \theta_A < \theta_B - \dfrac{\tau}{\Delta u + \rho \Delta r}$ 成立时，教育匹配为 PAM，但居住匹配为 NAM。当 $\theta_A > \theta_B - \dfrac{\tau}{\Delta u + \rho \Delta r}$ 成立时，居住匹配是 PAM，但教育匹配是 NAM。所以，增税导致交易条件向上平移，因此也存在促进教育匹配和减少居住效用被扭曲之间的权衡问题。此时对应的分析也是类似或对称的（见图 5-2）。

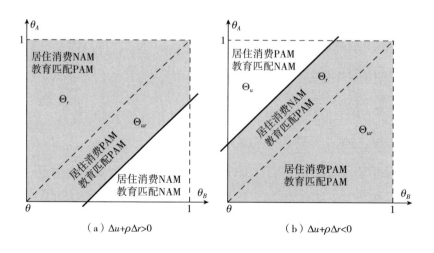

（a）$\Delta u + \rho \Delta r > 0$　　　　（b）$\Delta u + \rho \Delta r < 0$

**图 5-2　当 $x_H < x_L$ 时的均衡匹配**

## 七、数值模拟

**例 5-1**　假设效用函数和人力资本生产函数分别采用如下的形式：

$$u(x) = \frac{x^{1-\sigma}-1}{1-\sigma}, \ \sigma \in [0,1], \ r(s) = \log(s)$$

此时，如果 $\log\left(\dfrac{s_H}{s_L}\right) < \dfrac{(x_H^{1-\sigma}-x_L^{1-\sigma})^2}{(1-\sigma)^2\rho+(1-\rho)(x_H^{1-\sigma}-x_L^{1-\sigma})^2}$，则对应的最优税内点

解为：

$$\tau^* = \log\left(\frac{s_H}{s_L}\right)\left(1+(1-\sigma)\frac{\rho\log\left(\dfrac{s_H}{s_L}\right)}{x_H^{1-\sigma}-x_L^{1-\sigma}}\right)$$

否则，最优税取角点解（Boundary Solution）的形式，即：

$$\tau^* = \frac{x_H^{1-\sigma}-x_L^{1-\sigma}}{1-\sigma}+\rho\log\left(\frac{s_H}{s_L}\right)$$

在图 5-3（a）和 5-3（b）中，假设消费者的估值是均匀分布的；居住总效用和总福利是税收的函数；比较两种弹性，其中，缺乏弹性的需求用 $\sigma=0.5$ 表示，富有弹性的需求用 $\sigma=0.3$ 表示。在图 5-3（a）中，增税导致住房效用减少，且对于富有弹性的需求来说，递减的幅度更大。在图 5-3（b）中，如果缺乏弹性，意味着最优税应当更高，这样会尽可能地减少对居住效用的扭曲。

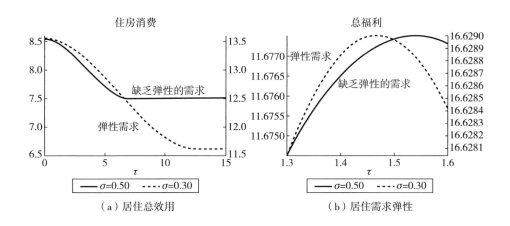

图 5-3　数值模拟

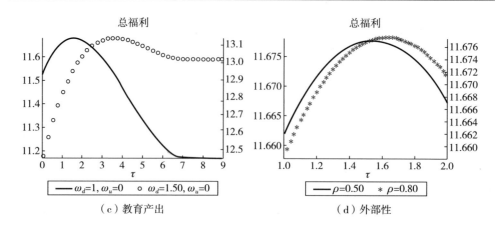

图 5-3　数值模拟（续）

在图 5-3（c）中，教育资源是外生给定的。实线表示较低水平的教育产出，即在 $\sigma = 0.5$ 的前提下，令 $\omega_d = 1 > \omega_u = 0$，圆圈符号表示较高水平的教育产出，其中对 A 的社会偏好权重取 $\omega_d = 1.5 > 1$。所以，最优税随教育产出的增加而递增，并且当教育产出的水平足够大时，最优税可以无穷大。类似地，在图 5-3（d）中，更高的 $\rho$ 体现了更高的教育资本化水平。这样如果 B 消费 $L$ 区，则最优税应当更高，以对此进行矫正。

## 第四节　模型拓展

接下来，考虑两个拓展：在第一个小节中，给定教育资源，两个区域之间的居住质量可以被调整，并且我们进一步分析了区域间最优的质量差异如何随税的变化而调整。在第二个小节中，引入多个消费者类型和竞争性供给。为了简便起见，对社会偏好进行标准化，即 $\omega_d = 1$ 且 $\omega_u = 0$。这样的标准化并不影响基本结论，因为加权的社会偏好对 $\omega_d - \omega_u$ 或 $\Delta r$ 而言依然是递增的。[①]

### 一、最优质量配置

在前文中，居住质量被假定是外生的，假设可以重新配置并改变居住质量

---

① 可以验证的是，改变权重并不影响根本结论，也不会得出新的结论，反而导致更加复杂的技术处理细节。

$x_i$。为了方便分析，假定社会的居住质量的总量是固定的。这样，如果对 $i$ 区减少投资并使其居住质量降低 $q$ 个单位，则居住质量变为 $x_i-q$。同时 $q$ 被再分配并投资于另外一个区域，使其居住质量变为 $x_{-i}+q$。因此，$q$ 的增加意味着两区之间的质量更为均等化。本节中我们只讨论质量的局部变动并保证 $x_H>x_L$。此外，我们排除质量生产方面的复杂特征，即不考虑资金投入与居住质量生产之间可能具有比较复杂的关系。我们假定可以通过在两个区域之间分配 $q$ 来改变区域间的差异，这样可以避免讨论由生产环节所引发的额外的扭曲（Diamond and Mirrlees，1971）。

通过第三章的推论可知，在不考虑 $\tau$ 的情况下，最大化居住效用只需要将两个区域的边际效用均等化即可。然而考虑到本章的特殊问题，我们还需要额外考虑教育资源的配置，即当为了促进教育匹配效率的税取值为正时，最优的 $q$ 是否还意味着使两个区域在居住方面的边际效用相同？在本章第三节中，征税可以促使 A 消费者选择 H 区。从直观来说，如果两个区域的质量更为接近，那意味着居住质量不再是核心的考虑因素，因此税可以不用那么高就足以引致 A 选择 H 区了。但同时，给定一个正的税率，最优的质量配置并不一定使居住总效用达到最大化。

所以，本节要考虑的核心问题是，如果同时具有两个选择变量，即税率 $\tau$ 以及调节居住质量的指标 $q$，则两者应当为替代还是互补关系？为了方便技术上的处理，引入如下的假设，来对估值的联合分布进行一定的限制。

**假设 5-3**　（对应假设 5-1）令 $\boldsymbol{\theta}=\{\theta_A, \theta_B\}$ 符合对称的分布，使得如下定义的似然比（Likelihood Ratio）对 $\tau$ 非递减：

$$\frac{E_L(\boldsymbol{\theta};\ \tau)}{E_H(\boldsymbol{\theta};\ \tau)}=\frac{\int_{\Theta_{ur}\cup\Theta_r}\theta_B dF_\theta(\boldsymbol{\theta})\ +\ \int_{\Theta_u}\theta_A dF_\theta(\boldsymbol{\theta})}{\int_{\Theta_{ur}\cup\Theta_r}\theta_A dF_\theta(\boldsymbol{\theta})\ +\ \int_{\Theta_u}\theta_B dF_\theta(\boldsymbol{\theta})}\ <\ 1 \tag{5-10}$$

式（5-10）中的分子表示居住在 L 区的期望估值，分母表示居住在 H 区的期望估值，且期望估值都是 $\tau$ 的函数。这样，式（5-10）实际表示的是对 L 区的期望估值有多大可能性会占优。如果该比率较高，意味着增税会导致在较大程度上扭曲居住效用。

这样，居住总效用，即式（5-5）可以改写为：

$$E_H(\boldsymbol{\theta};\ \tau)u(x_H-q)+E_L(\boldsymbol{\theta};\ \tau)u(x_L+q) \tag{5-11}$$

首先，当税率 $\tau=0$ 时，教育产出与居住质量的改变无关。给定 $\tau=0$，政府选

择 $q$ 来最大化, 则最优解为:

$$\underbrace{E_H(\boldsymbol{\theta};\ \tau=0)u'(x_H-q^*)}_{\text{消费}H\text{的边际效用}}=\underbrace{E_L(\boldsymbol{\theta};\ \tau=0)u'(x_L+q^*)}_{\text{消费}L\text{的边际效用}} \tag{5-12}$$

式 (5-12) 的左端表示选择 $H$ 区的边际效用, 右端表示选择 $L$ 区的边际效用。对于常替代弹性的效用函数而言, 可得到最优的质量配置符合下式:

$$\frac{x_L+q^*(0)}{x_H-q^*(0)}=\left(\frac{E_L(\boldsymbol{\theta};\ \tau=0)}{E_H(\boldsymbol{\theta};\ \tau=0)}\right)^{\frac{1}{\sigma}}$$

通过假设 5-3 可知, $E_H(\boldsymbol{\theta};\ \tau=0)>E_L(\boldsymbol{\theta};\ \tau=0)$, 因此对居住质量的需求弹性较低的时候, 不同区域间的质量差异应当更小。

**引理 5-4** (对应引理 5-1) 在不考虑征税的情况下, 对居住质量的需求弹性越低, 则使居住总效用得以最大化下的区域间居住质量应越为均等化, 即:

$$\frac{\partial q^*(0)}{\partial \sigma}>0$$

接下来, 考虑税为正的时候最优的居住质量分配。回顾上文式 (5-4) 中消费者对于交易与否无差异的状态, 为了简化符号, 将该交易与否的无差异条件定义为 $M$, 即图 5-1 (b) 中区分 $\Theta_r$ 和 $\Theta_u$ 的线段, 则:

$$M: =\frac{\tau}{\Delta u+\rho\Delta r}\in[0,\ +\infty)$$

当税率为正时, 如果区域间居住质量被改变, $M$ 因分母中居住质量差异而变。当增税并且区域间质量更为均等化时, B 更不愿意选择 $H$ 区域。给定某个征税水平, 若区域间质量更为均等化, 则会触发更多的交易。然而当消费者不交易时, 居住效用同时也被扭曲——与第四章类似, 该效应被称作"非边际"效应 (Infra-Marginal)。

给定某个水平, 考虑对跨区域的居住质量之差做一阶扰动, 即增加 $q$。对于不交易的消费者而言, 教育产出没有受到影响。但对于相互交易的消费者而言, 当居住质量更为均等化的时候, 如果 A 消费者的估值略低于且充分接近 $\theta_B-M$ 时, 更倾向于交易。这样如果他们交易, 则教育产出增加 $\Delta v$。该一阶扰动所改变的期望教育产出可由式 (5-7) 对 $q$ 求一阶导数而得。

**引理 5-5** (对应引理 5-2) 当税为正时, 若跨区质量更为均等化, 则教育产出增加。

**证明:** 教育产出对质量 $q$ 的一阶导数为:

$$MF_{\theta}(1-M)\frac{\Delta r}{\Delta u+\rho\Delta r}\left[u'(x_H-q)+u'(x_L+q)\right]\geqslant 0 \qquad (5-13)$$

当税率为零时，式（5-13）取等号。

对于居住效用而言，若大家不交易，该扰动导致消费 H 区的效用降低了 $E_H(\boldsymbol{\theta};\tau)u'(x_H-q)$，且消费 L 区的效用提高了 $E_L(\boldsymbol{\theta};\tau)u'(x_L+q)$。

对于选择交易与否无差异的消费者而言，减少跨区质量差异进一步扭曲了居住消费，因为在该边际上，A 消费者的边际效用或支付意愿较低，但却因质量差异减少而更愿意消费 H 区。因此，对于交易的消费者而言，缩小质量差距加剧了资源在居住维度的错配。

然而，从另一个角度来说，$q$ 的上升却抵消了一部分 $\Theta_r$ 内税带来的扭曲，在该区间内，边际效用较低的消费者消费更高质量的区域。因此，综合交易和不交易的两种效应，增加 $q$ 所导致的居住总效用的变动可以分解为边际效应（Marginal）和非边际效应（Infra-Marginal）两种效应：

$$-\left[\underbrace{E_H(\boldsymbol{\theta};\tau)}_{\text{不交易}}+\underbrace{M^2F_{\theta}(1-M)\frac{\Delta u}{\Delta u+\rho\Delta r}}_{\text{交易}}\right]u'(x_H-q)$$

$$\qquad (5-14)$$

$$+\left[\underbrace{E_L(\boldsymbol{\theta};\tau)}_{\text{不交易}}-\underbrace{M^2F_{\theta}(1-M)\frac{\Delta u}{\Delta u+\rho\Delta r}}_{\text{交易}}\right]u'(x_L+q)$$

式（5-14）是居住总效用即式（5-11）对 $q$ 求导所得。式（5-14）的第一项表示消费 H 区域的期望边际效用，第二项表示消费 L 区域的期望边际效用。在第一项的中括号内，第一部分表示不交易时边际效用的变化，第二部分的符号为负，表示交易所导致的边际效用的变化。

结合教育匹配和居住消费两个维度，税 $\tau$ 和居住质量配置 $q$ 之间的关系可由如下定理进行总结：

**定理 5-3**　（对应定理 5-1）当税率和 $q$ 同时上升，则：

（ⅰ）对于相互交易的消费者而言，期望教育产出增加，居住总效用降低；

（ⅱ）对于不交易的消费者而言，在 $\Theta_r$ 内抵消了仅征税时带来的扭曲，但在 $\Theta_{ur}\cup\Theta_u$ 中偏离了使居住效用最大化的配置。

对于（ⅰ）而言，可通过式（5-13）得出。不过，缩减质量差距是否反作用于征税是不确定的。一方面，缩减质量差距对于一部分不交易的消费者而言，可以抵消征税带来的扭曲；但另一方面，对于交易的消费者而言，却创造了额外的扭曲。

为了度量哪种效应更占优，将考虑教育价值在内的总福利对 $q$ 求导，可得：

$$
-\left[\underbrace{E_H(\boldsymbol{\theta};\ \tau)}_{\text{不交易}}+\underbrace{MF_{\boldsymbol{\theta}}(1-M)\frac{\Delta u}{(\Delta u+\rho\Delta r)^2}(\tau-\tau^*)}_{\text{交易}}\right]u'(x_H-q)
$$

$$
(5-15)
$$

$$
+\left[\underbrace{E_L(\boldsymbol{\theta};\ \tau)}_{\text{不交易}}-\underbrace{MF_{\boldsymbol{\theta}}(1-M)\frac{\Delta u}{(\Delta u+\rho\Delta r)^2}(\tau-\tau^*)}_{\text{交易}}\right]u'(x_L+q)
$$

其中，式（5-15）的每个中括号中的第二项表示对于交易的消费者而言，所创造的教育产出的增加和居住总效应的降低幅度。对于交易的消费者而言，当 $\tau\in(0,\ \tau^*)$ 时，税带来的总福利效应为正，这是因为当税不太高的时候，只会促使估值较为接近的消费者之间进行交易，因此所导致的居住效应的扭曲程度较低。但当税过高的时候，该项变为负，此时居住效用的下降幅度超过教育产出的增加值，或者说高质量的住房被一个边际效用过低的人所消费。

而对于式（5-15）的第一项而言，二者的比值正是假设5-3中所定义的似然比，该似然比测度的是对于不交易的消费者而言，居住资源被错配的程度。由于增税相当于赋予了消费 $L$ 区更多的权重，因此增税加剧了消费错配的程度。在此基础上，如果质量差距降低，则会缓解这种错配带来的损失。

注意在最优处，除非不征税，否则式（5-15）与式（5-12）不等价。这意味着居住质量的最优配置应当取决于税的大小。当税取式（5-8）所决定的最优值时，则可通过令式（5-15）等于零，可求得最优的税率以及质量组合 $\{\tau^*,\ q^*\}$，即：

$$
\frac{u'[x_H-q^*(\tau^*)]}{u'[x_L+q^*(\tau^*)]}=\frac{E_L(\boldsymbol{\theta};\ \tau^*)}{E_H(\boldsymbol{\theta};\ \tau^*)}
$$

$$
(5-16)
$$

在最优配置下，对于不交易的消费者而言，选择两个区域的期望边际效用是相同的。在最优质量下，式（5-15）中括号中的第二项完全被抵消掉了，这是因为最优税已经权衡了对于交易的消费者而言教育产出和居住效用这两方面的关系。

对于其余不交易的消费者而言，根据假设5-3，式（5-16）的右侧，即似然比对税率是递增的，即：

$$
\frac{E_L(\boldsymbol{\theta};\ \tau^*)}{E_H(\boldsymbol{\theta};\ \tau^*)}>\frac{E_L(\boldsymbol{\theta};\ \tau=0)}{E_H(\boldsymbol{\theta};\ \tau=0)}
$$

　　这意味着相比起没有征税时的状态，如果实施了最优税，则应当使两个区域间居住质量的分配更为均等化。同时，在 $\{\tau^*, q^*(\tau^*)\}$ 处得到的总福利一定比在 $\{0, q^*(0)\}$ 处得到的总福利更高。显然，当政府拥有更多的政策工具时，情况至少不会比之前差。

　　**定理 5-4**　（政策互补性）使两个区域居住资源均等化这样一种再分配举措，与征税的幅度是互补关系，即：

$$\begin{cases} \tau^* > 0 \\ q^*(\tau^*) > q^*(0) \end{cases}$$

　　**例 5-2**　在例 5-1 采用的函数形式的基础上，令初始的质量为 $x_H = 50$，$x_L = 0$，且 $r_H = \log(40)$，$r_L = \log(10)$。将弹性固定为 $\sigma = 0.5$，且 $\rho = 0.5$。假设 $\theta_A$ 和 $\theta_B$ 独立同分布于 $[0, 1]$ 之间的均匀分布，使似然比性质成立。

　　式（5-8）所得的最优税在上述参数条件下为 1.454。当不征税时，由式（5-12）决定的最优质量配置为 10，即该值对应了图 5-4 中虚线的最高点。在取最优税时，由式（5-16）所决定的最优质量配置为 12.102，此时对应了图 5-4 中深色实线的最高点（在浅色实线最高点的右上方）。

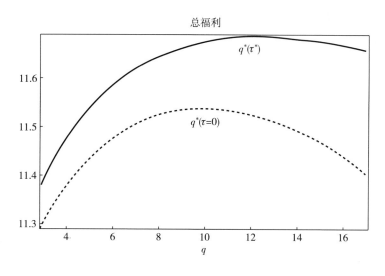

图 5-4　最优的政策工具组合 $\{\tau, q(\tau)\}$

### 二、多维偏好与竞争性供给

本节将考虑多类型消费者和竞争性供给的情况，并以此来考察第三节中结论的稳健性。对于消费者类型而言，依然假设有 A 和 B 两类。对于每种类型内部，将其估值进行排序，即：

$$\theta_j^1 > \cdots > \theta_j^{rank} > \cdots > \theta_j^0$$

其中，下标 $j$ 表示类型，上标 $rank$ 表示支付意愿排序的位置。假设不同类型依然是对称、独立且同分布，分布密度函数为 $f_\theta(\cdot)$。

对于每个区域而言，有一个学校和一些住房，这些住房可以容纳一半的总人口数。对于一个区域内部而言，居住质量相同，且假定 $H$ 区的居住质量和教育资源均好于 $L$ 区。在完全竞争的假设下，住房由价格接受者来提供。

在完全竞争的情况下，住房的价格等于其边际成本，且 $p_H = c_H > c_L = p_L$。如果讨价还价的过程是无成本的，且由于估值分布的对称性，可知高质量住房的价格 $p_H$ 由估值排序在 $1/2$ 处的消费者所决定，即 $\theta_j^{rank} \geq 1/2$。同时，$p_L$ 由估值最低的类型所决定。此外，相比支付意愿，边际成本充分小，这样可以避免讨论空置的问题。

考虑一个社会最优的基准配置。正如第二节所述，估值高于 $1/2$ 的消费者将消费 $H$ 区，其余消费者将消费 $L$ 区。如果所有的教育资源都被充分利用，此时的社会总福利为：

$$\underbrace{\int_{1/2}^1 \theta_j u(x_H) f(\theta_j) d\theta_j + \int_0^{1/2} \theta_j u(x_L) f(\theta_j) d\theta_j}_{\text{完美匹配的住房市场}} + \underbrace{r_H + 0}_{\text{正向的教育匹配}} + \underbrace{\frac{1}{2} \sum_{i = H,\ L} (p_i - c_i)}_{\text{生产者剩余} = 0}$$

但当消费者的择校因素受购房影响时，$H$ 区价格取决于消费者 $\theta_j^{rank \geq 1/2}$ 和 $\theta_j^{rank < 1/2}$ 的支付意愿；否则，如果消费者 $\theta_j^{rank = 1/2}$ 持有 $x_L$ 且消费者 $\theta_j^{rank = 1/2 - \epsilon}$ 持有 $x_H$，则后者的效用为负，即：

$$\theta_j^{rank = 1/2 - \epsilon} (u_H + \rho r_H) - p_H < 0$$

其中，$H$ 区的房价取决于保留效用 $\theta_j^{1/2} (u_H + \rho r_H)$，这样，二者将进行对彼此都有利的交易，进而使双方都变得更好。此时的竞争均衡导致居住资源配置是有效的，其中边际效用更高的消费者（占总人口一半数量）选择 $H$ 区。然而，教育资源并未得到充分利用，只有 $1/2$ 比例的 A 选择了 $H$ 区，此时教育产生的社会价值为 $(r_H + r_L)/2$。相比起社会最优的基准配置，损失了 $\Delta r/2$。

与上文类似，考虑对消费 $H$ 区的消费者征税，且如果是 A 类型，则得到返还。这样，消费 $H$ 区的一半 A 类型消费者获得了返还，而消费 $H$ 区的 B 类型无法得到返还，其余消费者不需要交税。

因此，当开始增税时，对于 1/2 的 B 类型但高估值的消费者 $\theta_B^{rank \geq 1/2}$ 有动机与 A 类型但支付意愿较低的消费者 $\theta_A^{rank < 1/2}$ 进行交易。在式（5-17）成立时，该交易会发生。

$$\theta_A^{rank < 1/2} \geq \theta_B^{rank \geq 1/2} - \frac{\tau}{\Delta u + \rho \Delta r} \tag{5-17}$$

可见，与式（5-17）条件是非常类似的。因此，根据引理 2-2 可知，教育匹配是 PAM 的概率会随税的上升而递增，即 $\pi = \frac{1}{2} + \int_{\theta_r} dF_\theta(\theta)$。并且，教育产生的社会总价值 $\pi \Delta r + r_L$ 也会因税的上升而递增。

当然，该交易导致居住总效用下降，或边际效用与居住质量之间存在错配，即：

$$\theta_B^{rank \geq 1/2} u(x_L) + \theta_A^{rank < 1/2} u(x_H) < \theta_B^{rank \geq 1/2} u(x_H) + \theta_A^{rank < 1/2} u(x_L)$$

因此，依然存在居住质量和教育资源之间的权衡问题。根据引理 5-1，交易导致的居住效用损失幅度为 $(\theta_B^{rank \geq 1/2} - \theta_A^{rank < 1/2}) \Delta u$，且其会随弹性的提高而增加。

令 $\tilde{\Theta}_r$ 表示当式（5-17）成立时的估值空间，且 $\tilde{\Theta}_u$ 表示当教育匹配是 NAM 时 $\tilde{\Theta}_r$ 的补集（见图 5-5，其中征税导致的交易发生在三角形 $\tilde{\Theta}_r$ 区域内）。这样，居住总效用为：

$$\underbrace{\frac{1}{2} \int_{1/2}^1 \theta_A u(x_H) f(\theta_A) d\theta_A + \frac{1}{2} \int_0^{1/2} \theta_B u(x_L) f(\theta_B) d\theta_B}_{\text{没有进行交易的完美住房消费}} +$$

$$\underbrace{\int_{\tilde{\Theta}_r} (\theta_A^{rank < 1/2} u(x_H) + \theta_B^{rank \geq 1/2} u(x_L)) dF_\theta(\theta)}_{\text{没有进行交易的住房的负向匹配}} + \tag{5-18}$$

$$\underbrace{\int_{\tilde{\Theta}_u} (\theta_A^{rank < 1/2} u(x_L) + \theta_B^{rank \geq 1/2} u(x_H)) dF_\theta(\theta)}_{\text{住房的正向匹配}}$$

显然，式（5-18）对税率的一阶导数为负。增税对于消费 $H$ 区的 A 类型消费者和消费 $L$ 区的 B 类型消费者无影响［即式（5-18）的第一项与税率无关］。征税只会引发消费 $H$ 区的 B 类型和消费 $L$ 区的 A 类型之间的交易。随着税的增加，交易数量增加，逐渐导致教育产出的增加以及住房市场上错配程度的加剧。在式（5-18）中，第二项的导数表示征税引发的交易，第三项的导数表示该估值

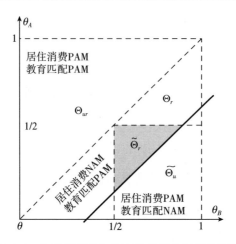

**图5-5 多类消费者与竞争性供给下的均衡匹配**

区间的交易者是政策要调节的目标，但未受影响。第二项和第三项的导数之和为负，表示征税扭曲了居住消费。

因此，定理5-1仍然适用。此外，定理5-2中所阐述的比较静态分析依然成立。

# 第五节 本章小结

本章研究了配套教育资源如何影响消费者的购房交易行为。在第三章中，研究结论发现当居住效用不取决于其他维度时，有效的配置方案应当使所有消费者对居住的边际效用相同。然而，当考虑相关教育资源时，对总福利的定义和考察就需要考虑购房行为如何影响了教育资源的配置和利用。

具体而言，假设消费者需要选择居住环境和教育资源的某个组合。由于不同消费者对居住环境的支付意愿不同，所以最终选择居住在教育资源较为丰富的消费者是因为其支付意愿较高，而此时教育资源并不一定得以充分利用，从而导致了教育产出并没有达到社会最优的水平。

给定这样的组合选择均衡，本章考虑了一种新型调节措施——对教育资源得以充分利用的交易或情况进行补贴，即条件式减免机制。首先对购房交易征收一定的税费，若该交易促进了教育资源的充分利用，则给予一定的返还或补贴。这样，教育资源会因条件式减免得以更为充分的利用。但与此同时，这样的干预举措在一定程度上会扭曲另一维度即人们对居住环境的选择。因此，最优的征税水平取决于居住和教育两个维度的资源配置情况。当消费者对居住环境要求较低时，最优税应当更高，以最小化对居住效用的扭曲程度。此外，征税水平随着教育资源差异化程度而递增。因此，条件减免式的征税方案在一定程度上可以缓解或弥补公共资源分配不均等化的问题。

本章还考虑了如何优化不同区域之间的居住质量，并如何与征税水平进行配套。一方面，最优的居住质量应当使不同消费者的边际效用趋同，所以给定异质性的消费者，跨区的均等化不一定能提高居住总效用；但另一方面，为了改善教育资源的分配和利用情况，更为均等化的居住条件可以弱化教育资源的错配。所以，居住条件的均等化分配力度和征税之间是互补的关系。

诚然，本章假设消费者不存在财富约束，且消费者类型与财富无关。关于财富约束对匹配均衡及资源配置效率的影响，可参见 Shao（2021）。

# 第六节　数学附录

## 一、瓦尔拉斯均衡

假设初始状态下，A 类型的禀赋是 H 区，B 类型的禀赋是 L 区。双方同时决定是否消费禀赋还是进行交易。如果进行交易，则均衡价格记为 $\{p_H^*, p_L^*\}$。

对于 A 类型消费者而言，消费禀赋会得到 $\theta_A[u(x_H)+\rho r_H]$，进行交易则得到 $\theta_A[u(x_L)+\rho r_L]+p_H-p_L$。对于 B 类型消费者而言，消费禀赋得到 $\theta_B[u(x_L)+\rho r_L]$，进行交易则得到 $\theta_B[u(x_H)+\rho r_H]-p_H+p_L-\tau$。如果在均衡的条件下，A 类型消费者决定在 B 类型给出的价格 $p_H^*$ 下不进行交易，则从 A 类型消费者的角度来看，必然有：

$$\theta_A[u(x_H)+\rho r_H] \geq \theta_A[u(x_L)+\rho r_L]+p_H^*-p_L^* \tag{5-19}$$

对于 B 类型消费者而言，我们接下来要证明必然有 $\theta_B[u(x_H)+\rho r_H]-p_H^*+p_L^*-\tau \leq \theta_B[u(x_L)+\rho r_L]$ 成立。假如该条件不成立，此时 B 类型消费者进行交易，则必然会得到比消费 L 区更高的效用，则对 H 区出价 $\hat{p_H}$ 必须要高于 $p_H^*$。如果该交易实现，A 类型消费者必须接受该出价，这意味着如果 $\hat{p_H}=p_H^*$，则违反了式（5-19）。因此，在下式成立时，B 类型消费者没有动机进行交易：

$$\theta_B\left[u(x_L)+\rho r_L\right]\geqslant\theta_B\left[u(x_H)+\rho r_H\right]-p_H^*+p_L^*-\tau \tag{5-20}$$

当式（5-19）和式（5-20）同时成立时，则得到条件式（5-4）。

从另一方面来说，如果初始状态下 A 类型消费者的禀赋是 L 区，而交易最终使得 A 类型消费者消费 H 区，则他们双方都必须认为该交易使得自己的状况变得更好，即：

$$\begin{cases}\theta_A\left[u(x_L)+\rho r_L\right]\leqslant\theta_A\left[u(x_H)+\rho r_H\right]-p_H^*+p_L^*\\\theta_B\left[u(x_H)+\rho r_H\right]-\tau\leqslant\theta_B\left[u(x_L+\rho r_L)\right]+p_H^*-p_L^*\end{cases}\Rightarrow\tag{5-3}$$

## 二、引理 5-1（需求弹性）

$\Delta u$ 对 $1-\sigma$ 的导数为正，即：

$$\frac{\partial\Delta u}{\partial(1-\sigma)}=\frac{x_H^{1-\eta}\log(x_H)-x_L^{1-\eta}\log(x_L)}{1-\sigma}>0,\ \sigma\in\left[0,\ 1\right],\ x_i>1$$

## 三、引理 5-2（择校动机）

教育匹配为 PAM 的概率对税的导数是非负的，即当 $0\leqslant\tau<\Delta u+\rho\Delta r$ 时，有：

$$\frac{d\pi}{d\tau}=\int_{\frac{\tau}{\Delta u+\rho\Delta r}}^{1}\frac{f_\theta\left(\theta_B-\dfrac{\tau}{\Delta u+\rho\Delta r},\ \theta_B\right)}{\Delta u+\rho\Delta r}d\theta_B=\frac{F_\theta\left(1-\dfrac{\tau}{\Delta u+\rho\Delta r}\right)}{\Delta u+\rho\Delta r}>0$$

当时 $\tau\geqslant\Delta u+\rho\Delta r$ 时，有：

$$\frac{d\pi}{d\tau}=0$$

## 四、定理 5-1（条件减免的性质）

对于（ⅰ）和（ⅱ），居住总效用即式（5-5）对税率的一阶导数为：

$$\frac{dU}{d\tau}=\int_{\frac{\tau}{\Delta u+\rho\Delta r}}^{1}\frac{-\dfrac{\tau}{\Delta u+\rho\Delta r}\Delta u}{\Delta u+\rho\Delta r}f_\theta\left(\theta_B-\frac{\tau}{\Delta u+\rho\Delta r},\ \theta_B\right)d\theta_B\leqslant0\tag{5-21}$$

同理，期望教育产出式（5-7）对税的一阶导数为：

$$\frac{dR}{d\tau}=\int_{\frac{\tau}{\Delta u+\rho\Delta r}}^{1}\frac{(\omega_d-\omega_u)\Delta r}{\Delta u+\rho\Delta r}f_\theta\left(\theta_B-\frac{\tau}{\Delta u+\rho\Delta r},\ \theta_B\right)d\theta_B\geqslant0\tag{5-22}$$

对于（ⅲ），总福利对税的一阶导数在税率为零的情况下为：

$$\left.\frac{dW}{d\tau}\right|_{\tau=0}=\frac{(\omega_d-\omega_u)\Delta r}{\Delta u+\rho\Delta r}>0\tag{5-23}$$

### 五、定理 5-2（最优的条件减免力度）

若提高征税水平，对总福利的影响为：

$$\frac{dW}{d\tau} = \int_{\frac{\tau}{\Delta u + \rho \Delta r}}^{1} \frac{(\omega_d - \omega_u)\Delta r - \frac{\tau}{\Delta u + \rho \Delta r}\Delta u}{\Delta u + \rho \Delta r} f_\theta \left( \theta_B - \frac{\tau}{\Delta u + \rho \Delta r}, \ \theta_B \right) d\theta_B \quad (5-24)$$

其中，该导数在低于最优税时为正，在大于最优税为负，在 $\tau = \tau^*$ 时，式（5-24）等于零。

可以验证其二阶性质：

$$\frac{d^2 W}{d\tau^2}\bigg|_{\tau = \tau^* < \Delta u + \rho \Delta r} = \frac{-\Delta u}{(\Delta u + \rho \Delta r)^2} F_\theta \left( 1 - \frac{\Delta r}{\Delta u} \right)$$

$$- \int_{(\omega_d - \omega_u)\frac{\Delta r}{\Delta u}}^{1} \frac{(\omega_d - \omega_u)\Delta r}{(\Delta u + \rho \Delta r)^2} f'_1 (\theta_B - (\omega_d - \omega_u)\frac{\Delta r}{\Delta u}, \ \theta_B) d\theta_B$$

在内点解的情况下，上式的符号为负（如均匀分布和介于 0 和 1 之间的 beta 分布）。

当 $\tau^* \geq \Delta u + \rho \Delta r$ 时，教育匹配为 PAM 的概率为 1，此时居住和教育产出均为常数，即式（5-21），式（5-22）和式（5-24）的导数均为零。所以，若 $\tau^*$ 表示全局最优点，则：

$$\tau^* = \text{argmax}_\tau \left\{ W \left[ (\omega_d - \omega_u)\Delta r \left( 1 + \frac{\rho \Delta r}{\Delta u} \right) \right], \ W(\Delta u + \rho \Delta r) \right\}$$

即当 $\Delta r \leq \Delta u$ 时，最优税为 $\frac{\Delta r}{\Delta u}(\Delta u + \rho \Delta r)$；反之则最优税高于 $\Delta u + \rho \Delta r$。

对于（ⅰ），运用引理 5-1 可知，最优税对需求弹性的导数为负，即：

$$\frac{\partial \tau^*}{\partial(1 - \sigma)} = \frac{\partial \tau^*}{\partial \Delta u} \frac{\partial \Delta u}{\partial(1 - \sigma)} < 0$$

对于（ⅱ），运用引理 5-2 和条件式（5-8）可知：

$$\frac{\partial \tau^*}{\partial \Delta r} > 0$$

对于（ⅲ）而言，$\frac{\partial \tau^*}{\partial \rho} > 0$。

### 六、居住质量与生产效率

在第四节中，假设生产效率是不受干预影响的。更一般地，如果考虑政府可以

对投入品 $K$ 进行征税，并用于改变居住质量。假设 $x'_i(K)>0$，$x''_i(K)<0$ 且 $x'_H>x'_L$，那么给定常数边际成本 $c$，$H$ 区的生产者的利润最大化利润问题可表示为：

$$\max_k x_H(K)-(c+q)K$$

类似地，对于 $L$ 区的生产者而言，其利润最大化问题为：

$$\max_k x_L(K)-(c-q)K$$

这意味着对于均衡的生产水平 $x_i(K^*)$ 而言，$q$ 的增加虽然使得 $x_H^*$ 和 $x_L^*$ 之间的差距减少，但同时也降低了总体质量，即 $\dfrac{dx_H(K^*)}{dq}+\dfrac{dx_L(K^*)}{dq}<0$，这是因为更有效率的生产理应得到补贴而不是征税，即 $x'_H(K^*)>x'_L(K^*)$。

因此，第四节中所阐述的是一个特例，即 $\dfrac{dx_H}{dq}=-\dfrac{dx_L}{dq}<0$，这样能避免讨论生产环节的扭曲（Diamond and Mirrlees，1971）。

## 七、定理 5-3（最优居住质量）

期望的教育产出对 $q$ 的一阶导数为：

$$\frac{dE(R)}{d\tau}=\int_M^1 \frac{M\Delta r}{\Delta u+\rho\Delta r}[u'(x_H-q)+u'(x_L+q)]f(\theta_B-M)f(\theta_B)d\theta_B$$

根据上式，可得出式（5-13）。

在 $H$ 区域，期望估值对 $q$ 的一阶导数为：

$$\frac{dE_H(\boldsymbol{\theta};\tau)}{dq}=\frac{d}{dq}\Big[\iint_{\Theta_r}\theta_A dF_{\boldsymbol{\theta}}(\boldsymbol{\theta})+\int_{\Theta_u}\theta_B dF_{\boldsymbol{\theta}}(\boldsymbol{\theta})\Big] \tag{5-25}$$

$$=-\int_M^1 \frac{M^2}{\Delta u+\rho\Delta r}[u'(x_H-q)+u'(x_L+q)]f(\theta_B-M)f(\theta_B)d\theta_B<0$$

类似地，对 $L$ 区的期望估值对 $q$ 的一阶导数为：

$$\frac{dE_L(\boldsymbol{\theta};\tau)}{dq}=\frac{d}{d\tau}\Big[\int_{\Theta_r}\theta_B dF_{\theta}(\boldsymbol{\theta})+\int_{\Theta_u}\theta_A dF_{\theta}(\boldsymbol{\theta})\Big]=-\frac{dE_H(\boldsymbol{\theta};\tau)}{dq}>0 \tag{5-26}$$

在式（5-25）和式（5-26）中，在 $\Theta_{ur}$ 内的期望估值与 $q$ 是无关的，即：

$$\frac{d}{d\tau}\Big(\int_{\Theta_{ur}}\theta_A dF_{\boldsymbol{\theta}}(\boldsymbol{\theta})\Big)=\frac{d}{d\tau}\Big(\int_{\Theta_{ur}}\theta_B dF_{\boldsymbol{\theta}}(\boldsymbol{\theta})\Big)=0$$

这样，居住总效用对 $q$ 的一阶导数为：

$$\underbrace{\frac{dE_H(\boldsymbol{\theta};\tau)}{dq}u(x_H-q)-E_H(\boldsymbol{\theta};\tau)u'(x_H-q)}_{\text{消费}H\text{的效用变化}}+$$

$$\underbrace{\frac{dE_L(\boldsymbol{\theta};\ \tau)}{dq}u(x_L+q)+E_L(\boldsymbol{\theta};\ \tau)u'(x_L+q)}_{\text{消费}L\text{的效用变化}}$$

$$=\underbrace{-\frac{dE_L(\boldsymbol{\theta};\ \tau)}{dq}\Delta u}_{\text{交易}}+\underbrace{E_L(\boldsymbol{\theta};\ \tau)u'(x_L+q)-E_H(\boldsymbol{\theta};\ \tau)u'(x_H-q)}_{\text{不交易}}$$

$$=\underbrace{-\frac{dE_L(\boldsymbol{\theta};\ \tau)}{dq}\Delta u}_{(-)}+\underbrace{\int_{\Theta_r}\left[-\theta_A u'(x_H-q)+\theta_B u'(x_L+q)\right]dF_\theta(\boldsymbol{\theta})}_{(+)}-$$

$$u'(x_H-q)\left(\int_{\Theta_{ur}}\theta_A dF_\theta(\boldsymbol{\theta})+\int_{\Theta_u}\theta_B dF_\theta(\boldsymbol{\theta})\right)+$$

$$u'(x_L+q)\left(\int_{\Theta_{ur}}\theta_B dF_\theta(\boldsymbol{\theta})+\int_{\Theta_u}\theta_A dF_\theta(\boldsymbol{\theta})\right) \tag{5-27}$$

其中，第一个等号源于对式（5-25）和式（5-26）的整理，使得居住的效用变化可分解为交易和不交易两种情况。第二个等号把不交易的这部分按照假设5-3 所构建的似然比分成了三个部分。

式（5-27）的第一项表示交易者的住房效用变化值为负。第二项表示居住质量变化是如何抵消税本身所带来的扭曲。由 $\int_{\Theta_r}\theta_A dF_\theta(\boldsymbol{\theta})<\int_{\Theta_r}\theta_B dF_\theta(\boldsymbol{\theta})$ 可知该项大于零，并且当 $q$ 只产生边际变化时，$x_H-q>x_L+q$ 成立，所以 $u'(x_H-q)<u'(x_L+q)$ 也成立。

### 八、定理 5-4（税与质量的关系）

在自由市场状态下，式（5-27）的第一项和第二项均为零。在此基础上，令式（5-27）的其余部分等于零，则得到式（5-12）。

当税率取最优值时［由式（5-8）给出］，最优税已经权衡了两个维度的匹配效率，则式（5-27）的第一项与式（5-13）相互抵消。令式（5-27）中的不交易的部分为零，则得到最优的质量决定为式（5-16）。

注意，由于 $\dfrac{d}{dq}\left(\dfrac{u'(x_H-q)}{u'(x_L+q)}\right)=-\dfrac{u'(x_L+q)u''(x_H-q)+u'(x_H-q)u''(x_L+q)}{u'(x_L+q)^2}>0$ 成立，所以有 $\dfrac{\partial}{\partial q}\left(\dfrac{u'(x_H-q)}{u'(x_L+q)}\right)\dfrac{\partial\tau}{\partial\tau}=\dfrac{\partial}{\partial\tau}\left(\dfrac{E_L(\boldsymbol{\theta};\ \tau)}{E_H(\boldsymbol{\theta};\ \tau)}\right)>0$。

由此就证明了税率 $\tau$ 和质量调整 $q$ 之间的互补性，即 $q^*(\tau^*)>q^*(0)$。

## 第六章

# 理论与现实

前文分别研究了限购、持有数量和配套用途三个方面如何影响消费者对不动产的选择，并构建微观理论模型从资源配置效率角度给出了分析。本章结合相关现实背景和实证研究进行一定的描述性说明。

首先，经过理论分析可知，这三类因素的出现，使得当我们讨论不动产市场本身的资源配置效率时，不能机械地套用西方的理论。现实中，很多政策或举措的出台，并非完全出于经济效率的考虑，其政策目标中包含再分配或出于对社会公平的考虑。因此，在前文从资源配置效率的角度进行分析的基础上，本章着重强调政策的再分配性质，以比较政策目标和经济效率之间的关系。

其次，从资源配置效率的角度来看，第三章至第五章均未考虑居民"财富"约束对购房的影响。现实中，政府的"公租房"项目为低收入群体提供了相应的保障。在本章中，笔者研究了公租房项目对促进居民消费的影响，特别是对低收入群体的影响。

再次，虽然个体最优决策、市场均衡乃至资源配置效率等方面难以直接用数据进行测度或描述，但前文的理论结果从某种程度上来说可以得到一些实证研究的支持。笔者通过将理论和实证分析相结合，有利于促进相关研究的发展。

最后，对于前文的一些关键结论，笔者通过数值模拟来直观阐述不同类型的政策建议对均衡的影响。

## 第一节　公租房项目与低收入群体

我国的公租房项目为低收入群体的住房问题提供了一定的保障。具体而言，具备申请公租房条件的低收入群体可以以比市场价格更低的租金价格来租房。由此，相比按市场价格租房，更低的租金价格可以提升低收入群体的可支配收入，进而促进低收入群体的消费或消费收入弹性。本节通过构建一个简单的决策模型来剖析公租房项目对促进低收入群体消费水平的影响，并将在下一节阐述基本的实证研究结果。

一个代表性居民的财富总量记为 $I$。该居民的消费由三部分组成，即租房、其他商品的消费以及购买无风险资产以用于未来的消费。记租房的数量为 $y$，价格为 $p$，其他商品的数量以 $z$ 表示，价格标准化为 1。无风险资产的数量记为 $a$，本期投资 $a$ 的数量可获取下一期的回报为 $(1+r)a$。

为了比较公租房项目本身对低收入群体的消费促进作用，需要假设以下两种状态：状态 1 为不存在公租房项目的情形，每个代表性的居民需要以市场价格 $p_1$ 来租赁 $y_1$ 数量的住房。此时，消费者选择租房数量、消费品数量和无风险资产的数量来最大化目标函数：

$$\max_{z_1, y_1, a_1} U[z_1, y_1, (1+r)a_1] \tag{6-1}$$

其预算约束满足：

$$z_1 + p_1 y_1 + a_1 \leqslant I \tag{6-2}$$

状态 2 为政府实施公租房项目的情形。在公租房项目下，每个有资格申请到公租房的居民能获得的租房面积为一个固定值，即 $y_2$，且每单位面积的租价为 $p_2$。这样，在公租房项目中，每位居民只需要支付一笔固定的费用 $T = p_2 y_2$ 即可作为租房开支。此时，代表性消费者只选择消费者数量和无风险资产的数量来最大化目标函数：

$$\max_{z_2, a_2} U[z_2, y_2, (1+r)a_2] \tag{6-3}$$

其预算约束为：

$$z_2 + T + a_2 \leqslant I \tag{6-4}$$

为了得到显示解，假设效用函数为一种特定的常替代弹性（CES）形式，即：

$$U = \ln z + \alpha \ln y + \beta \ln(1+r)a$$

此时，可通过构建拉格朗日函数来分别求解两种状态下消费者的最优选择。具体而言，在不存在公租房项目的情况下，拉格朗日函数为：

$$L(\lambda, z_1, y_1, a_1) = \ln z_1 + \alpha \ln y_1 + \beta \ln(1+r)a_1 + \lambda(I - z_1 - p_1 y_1 - a_1) \tag{6-5}$$

通过联立式（6-5）的四个一阶导数条件，则可求得不存在公租房项目下的最优消费选择为：

$$
\begin{cases}
I-z_1-p_1y_1-a_1=0 \\
\dfrac{1}{z_1}-\lambda=0 \\
\dfrac{\alpha}{y_1}-\lambda p_1=0 \\
\dfrac{\beta}{a_1}-\lambda=0
\end{cases}
\quad \Rightarrow z_1^*(I)=\dfrac{I}{1+\alpha+\beta}
\tag{6-6}
$$

类似地，当公租房项目为低收入群体直接提供固定数量的租房，且消费者只需要支付固定费用时，对应的拉格朗日函数为：

$$
L(\lambda,\ z_2,\ a_2)=\ln z_2+\alpha\ln y_2+\beta\ln(1+r)a_2+\lambda(I-z_2-T-a_2)
\tag{6-7}
$$

通过联立式（6-7）的四个一阶导数条件，则可求得在公租房项目下的最优消费选择为：

$$
\begin{cases}
I-z_2-T-a_2=0 \\
\dfrac{1}{z_2}-\lambda=0 \\
\dfrac{\beta}{a_2}-\lambda=0
\end{cases}
\quad \Rightarrow z_2^*(I)=\dfrac{I-T}{1+\beta}
\tag{6-8}
$$

为了比较公租房项目对促进消费收入弹性的影响，定义消费收入弹性为：

$$
e_1=\frac{dz_1^*}{dI}\frac{I}{z_1^*},\quad e_2=\frac{dz_2^*}{dI}\frac{I}{z_2^*}
$$

其中 $z_1^*$ 和 $z_2^*$ 分别由式（6-6）和式（6-8）所给出。这样，但凡消费数量为正，即可得出：

$$
e_2=\frac{I}{I-T}>e_1=1
\tag{6-9}
$$

所以，公租房项目提高了居民的消费收入弹性。

式（6-9）即为本节的核心结论。实际上，该结果并不依赖于效用函数的具体形式。更一般地，若效用函数采取较为一般化的 CES 形式，即 $U=\big[z^\rho+\alpha y^\rho+\beta((1+r)a)^\rho\big]^{\frac{1}{\rho}}$，那么，式（6-9）依然成立（其中假设 $\rho<1$）。具体而言，若不存在公租房项目，消费者最优化的四个一阶导数条件为：

$$\begin{cases} I-z_1-p_1y_1-a_1=0 \\ z_1^{\rho-1}\{z_1^\rho+\alpha y_1^\rho+\beta[(1+r)a_1]^\rho\}^{\frac{1-\rho}{\rho}}-\lambda=0 \\ \alpha y_1^{\rho-1}\{z_1^\rho+\alpha y_1^\rho+\beta[(1+r)a_1]^\rho\}^{\frac{1-\rho}{\rho}}-\lambda p_1=0 \\ \beta(1+r)^\rho a_1^{\rho-1}\{z_1^\rho+\alpha y_1^\rho+\beta[(1+r)a_1]^\rho\}^{\frac{1-\rho}{\rho}}-\lambda=0 \end{cases}$$

$$\Rightarrow \quad z_1^*(I)=\frac{I}{1+(\alpha p_1^{-\rho})^{\frac{1}{1-\rho}}+[\beta(1+r)^\rho]^{\frac{1}{1-\rho}}}$$

而在公租房项目下，消费者最优化的四个一阶导数条件为：

$$\begin{cases} I-z_2-T-a_2=0 \\ z_2^{\rho-1}\{z_2^\rho+\alpha y_2^\rho+\beta[(1+r)a_2]^\rho\}^{\frac{1-\rho}{\rho}}-\lambda=0 \\ \beta(1+r)^\rho a_2^{\rho-1}\{z_2^\rho+\alpha y_2^\rho+\beta[(1+r)a_2]^\rho\}^{\frac{1-\rho}{\rho}}-\lambda=0 \end{cases}$$

$$\Rightarrow \quad z_2^*(I)=\frac{I-T}{1+[\beta(1+r)^\rho]^{\frac{1}{1-\rho}}}$$

一方面，比较上述两种消费水平可知，当政府对公租房的补贴 $T$ 低于某个临界值时，居住公租房的居民的消费水平更高，即：

$$T<\frac{(\alpha p_1^{-\rho})^{\frac{1}{1-\rho}}I}{1+(\alpha p_1^{-\rho})^{\frac{1}{1-\rho}}+[\beta(1+r)^\rho]^{\frac{1}{1-\rho}}}\Leftrightarrow z_2^*(I)>z_1^*(I)$$

另一方面，公租房项目提高了居民的消费收入弹性，即在一般化的 CES 效用函数设定下，式（6-9）依然成立。

在下一节中，我们将通过一定的实证证据来进一步说明公租房项目对不同收入群体的消费促进作用的差异性。

# 第二节　实证证据

本书为相关实证和政策研究提供了一定的微观理论基础，其中关键结论可以从相关实证研究中加以佐证。

在第三章中，通过比较所有权和租赁两个市场如何分别受到过户身份的限制约束，在第二节以及定理 3-10 中得出，限购规定降低了价格-租金比（Price-Rent Ratio）。该结论得到了 Sun 等（2016）的实证结果的支持。Sun 等（2016）认为，北京的限购规定导致转卖价格降低了 17%～24%，价格-租金比下降了约 1/4。类似地，Cao 等（2018）也发现，2010 年的限购规定导致平均房价降低了 18.3%，过户交易量下降了 60%。Du 和 Zhang（2015）的实证研究发现，从

2010 年 5 月到 2011 年 11 月，假设北京没有限购规定的话，则房价平均年增长率应当为 16.97%，而实际上该增长率仅为 9.28%，这意味着限购规定使得北京的房价下降了 7.69%。

在定理 3-2 和定理 3-3 中，分别考察了纯交换经济下和存在竞争性生产部门时对持有或保有产权征税对经济的影响。定理 3-2 表明，对产权持有征税不改变出售和出租的决定，因此不影响均衡交易和价格；定理 3-3 考虑到竞争性生产部门后认为，税会降低价格和交易量。综合定理 3-2 和定理 3-3 可知，产权持有税对价格的影响是非常有限甚至是中性的，而限购对价格的影响更大。这个推断与 Du 和 Zhang（2015）的实证研究结论相符。上海和重庆的"房产税试点"最接近第三章中"产权持有税"的情况。他们的研究表明，从 2011 年 2 月到 2012 年 11 月，就重庆的情况而言，房价年增长率降低了 2.52%，而税对上海房价的影响不显著。

第三章的理论研究的立足点在于供给者对选择出售和出租无差异的条件。在现实中，资产所有者如何选择出售或出租，可以得到实证证据的支持。例如，Diamond 等（2019）对旧金山的租金管制的实证研究表明，当政府实施租金管制时，租户流动性降低了 20%。同时，户主减少了 15% 的出租供给，并将该部分房源用于出售。相应地，第三章定理 3-7 表明，当增加对出租或租赁的征税时，供给者减少出租，增加出售。

在第四章中，通过比较纳税额度和避税成本，构建了购房数量选择的模型。在第二节，在自由市场下，消费者不会进行避税行为。在第三节，当部分消费者的避税成本低于某个税额时，则需要购置第二套房的消费者会选择避税。避税和征税对总福利的影响大小取决于边际避税者和非边际避税者的相对数量。类似地，Kopczuk（2001）也发现，若避税者生产的商品质量较高，则通过避税可以缓解征税所导致的扭曲；相反，则避税可加重经济体的扭曲程度。

在第五章所构建的居住和教育组合选择模型中，在均衡的匹配状态下，资源配置是否有效取决于支付意愿与消费者类型的相关性。这意味着如果教育资源较为丰富的地区，房价相对较高，则支付意愿较低的消费者选择教育资源相对丰富的地区的可能性也会降低。此模型的一个关键前提，即假设 5-1 中考虑到了各种可能的情况。然而，相关实证研究与此看法并不一致。例如，Declercq 和 Verboven（2015）的实证研究发现，经济情况不好的家庭，其后代受教育程度对教育成本更为敏感。Dahl 和 Lochner（2012）通过观察美国扶贫项目（EITC）对低收入家庭的资助后发现，家庭收入每提高 1000 美元，使得学生数学和阅读成绩增加 6%。然而，Abdulkadiroğlu 等（2018）却发现，当路易斯安那奖学金项目（LSP）为低收入家庭提供更多的择校机会时，并未显著提升贫困学生的成绩。例如，通过 LSP 去私立学校，导致数学不及格率反而增加了 50%。

如果经济状况与学生成绩正相关，则意味着式（5-2）成立，或在图 5-1 中，$\theta_A$ 和 $\theta_B$ 以较大的概率分布于左上角。此时，竞争性均衡本身就是在两个维度上都是有效率的。反之，则意味着式（5-2）不成立，或者在图 5-1 中，$\theta_A$ 和 $\theta_B$ 以较大的概率分布于右下角。此时，竞争性均衡可能在教育维度是缺乏效率的，但通过第三节所建议的条件减免机制就可以提高资源配置效率。因此，假设 5-1 考虑了 $\theta_A$ 和 $\theta_B$ 独立分布的情况，当竞争性均衡缺乏效率时，通过条件减免的方式就可以进行矫正。这与 Cremer 等（2010）的研究，即通过所得税和补贴与教育政策相结合的方式来提高效率，是类似的逻辑。

与此相关的是，在选择购买不同住房的时候，第五章的理论模型认为，消费者综合考虑居住环境与教育资源。因此，房价不仅反映了居住质量，也包含了教育资源。在实证研究中，通常以"资本化"来分离房价中的教育因素。例如，胡婉旸等（2014）的实证研究中，通过对比相邻（周边质量类似）但所处区域不同的住房，来分离出重点小学的溢价效应。其研究发现，除去居住效用之外交易双方对不同教育质量的估值存在差异。相应地，定理 5-2 认为，在一个对称分布中，若溢价越高，则越应当实施条件减免机制，以矫正教育资本化对教育资源的错配效应。

在第六章中，我们考察了公租房项目对低收入群体的消费促进作用。在笔者的另一份研究中（Shao et al.，2022），基于 2018 年中国家庭收入调查数据（Chinese Household Income Project，CHIP），对上述结论进行了实证检验。其中，解释变量为人均消费水平的对数值。基本实证结果显示，公租房项目增加了平均可支配收入对平均消费的边际促进作用。特别地，对于所有的租户而言，公租房项目使得消费收入弹性增加了 18%；对于收入低于平均值的租户而言，公租房项目使得他们的消费收入弹性增加了 24%。通过对不同收入群体的比较发现，公租房项目不仅直接促进了居民消费，而且能在一定程度上缓解收入不平等的状况。

具体而言，2018 年中国家庭收入调查数据是由国家统计局与中国收入分配研究院于 2019 年所调查获取的数据，其中包含了针对城镇和农村住户的调查，涉及 10000 多户家庭，涵盖了北京、山西、内蒙古、辽宁、江苏、安徽、山东、河南、湖南、湖北、广东、重庆、四川、云南和甘肃这 15 个省份的情况。为了与前文的理论模型得到的结果相对应，实证研究中只选取了城市（包括本地人口和外来人口）的样本，而且排除了那些拥有房产的家庭。因此，在接下来的实证研究中，样本量为 1871。

由于本节关注的是公租房对低收入群体的消费促进作用，因此被解释变量为人均消费的对数值，以 $\ln Consumption\_pc$ 来表示（并排除租房开支），这对应着本章第二节中的符号 $z$ 如式（6-1）。在排除相应的异常值后，选取的样本中人均消费对数的平均值为 9.88，最低值为 7.82，最大值为 12.35。

核心的解释变量为哑变量 $Public\_rent$，当 $Public\_rent=1$ 时，表示该家庭租住的房屋是政府提供的公租房，否则 $Public\_rent=0$。在实证分析中，需要控制一些家庭特征，包括人均财富水平 $\ln Wealth\_pc$ 和人均可支配收入 $\ln Disposable\_income\_pc$。其中，人均财富的平均值约为 10.36，最低值为 3.98，最高值为 15.39。人均租房面积的平均值为 31.5 平方米。每个家庭的平均成员数量为 3。与此同时，需要控制户主的相关特征。就注册类型 $HH\_registration\_type$ 而言，51% 的户主是农业户口，39% 为非农业户口，10% 为本地居民。户主中男性占 65%，83% 的户主为已婚状态。

在基本回归分析中，三个主要的解释变量分别为 $\ln Disposable\_income\_pc$，$Public\_rent$ 以及二者的交互项。表 6-1 的第一列展示了只包含上述三个解释变量时的回归结果。其中，公租房 $Public\_rent$ 本身与消费是负相关关系，这主要是因为居住在公租房中的人们本身就面临较差的处境。与直觉相符的是，$\ln Disposable\_income\_pc$ 的确对 $\ln Consumption\_pc$ 产生了正面的影响。不过，二者的交叉项更具有信息量。回归结果表明，公租房项目加强了人均可支配收入对人均消费的边际影响。

表 6-1　公租房对租户消费的影响

| $\ln Consumption\_pc$ | （1） | （2） | （3） | （4） |
|---|---|---|---|---|
| $Public\_rent \times \ln Disposable\_income\_pc$ | 0.112** (0.019) | 0.128** (0.025) | 0.123** (0.026) | 0.151*** (0.027) |
| $\ln Disposable\_income\_pc$ | 0.668*** (0.019) | 0.566*** (0.025) | 0.524*** (0.026) | 0.512*** (0.027) |

续表

| ln*Consumption_pc* | (1) | (2) | (3) | (4) |
|---|---|---|---|---|
| *Public_rent* | −1.198** (0.572) | −1.357** (0.582) | −1.320** (0.559) | −1.596*** (0.546) |
| ln*Wealth_pc* | | 0.026** (0.011) | 0.022** (0.011) | 0.027** (0.011) |
| *Apartment_area_pc* | | 0.001** (0.001) | 0.001** (0.001) | 0.002*** (0.001) |
| *Demolition_experience* | | −0.021 (0.047) | −0.003 (0.047) | 0.006 (0.047) |
| *Housing_provident_fund* | | 0.087*** (0.027) | 0.029 (0.028) | 0.025 (0.028) |
| *Family_size* | | −0.076*** (0.013) | −0.070*** (0.013) | −0.073*** (0.013) |
| *Boy_18years* | | 0.059** (0.029) | 0.038 (0.029) | 0.036 (0.029) |
| *HH_registration_type* nonagriculture | | | −0.003 (0.034) | 0.012 (0.033) |
| resident | | | 0.058 (0.042) | 0.034 (0.043) |
| *HH_registration_location* within province | | | −0.017 (0.036) | −0.053 (0.037) |
| outside of province | | | −0.032 (0.039) | −0.053 (0.041) |
| *HH_male* | | | −0.030 (0.025) | −0.029 (0.025) |
| *HH_age* | | | −0.023*** (0.006) | −0.024*** (0.006) |
| *HH_age_squared* | | | 0.000*** (0.000) | 0.000*** (0.000) |
| *HH_married* | | | 0.018 (0.048) | 0.023 (0.048) |
| *HH_divorced_bereft* | | | 0.060 (0.065) | 0.065 (0.064) |
| *HH_party_member* | | | 0.038 (0.058) | 0.049 (0.057) |

续表

| lnConsumption_pc | (1) | (2) | (3) | (4) |
|---|---|---|---|---|
| HH_education | | | 0.047<br>(0.035) | 0.050<br>(0.035) |
| HH_gov_soe | | | 0.023***<br>(0.004) | 0.023***<br>(0.004) |
| Provincial fixed effect | | | | Y |
| Observations | 1871 | 1849 | 1849 | 1849 |
| R$^2$ | 0.462 | 0.482 | 0.506 | 0.520 |

注：\*\*\* 和 \*\* 分别表示 1% 和 5% 的显著性水平。

数据来源：CHIP 2018 以及 Shao 等（2022）。

接下来，考虑相比所有的租户而言，公租房项目对低收入群体的作用是否更明显。首先，需要先识别某个家庭的人均收入是否低于平均值。然后，得到低于人均收入平均值且获得公租房资格的租户。用这组子样本的回归结果如表6-2所示。对于低收入群体而言，公租房对消费收入弹性的正面影响更为显著。

表6-2 公租房对低收入租户消费的影响

| lnConsumption_pc | (1) | (2) | (3) | (4) |
|---|---|---|---|---|
| Public_rent×lnDisposable_income_pc | 0.183**<br>(0.085) | 0.199**<br>(0.090) | 0.239***<br>(0.086) | 0.238***<br>(0.083) |
| lnDisposable_income_pc | 0.600***<br>(0.039) | 0.522***<br>(0.043) | 0.491***<br>(0.043) | 0.470***<br>(0.044) |
| Public_rent | −1.915**<br>(0.848) | −2.098**<br>(0.902) | −2.486***<br>(0.859) | −2.470***<br>(0.829) |
| lnWealth_pc | | 0.019<br>(0.013) | 0.016<br>(0.013) | 0.020<br>(0.014) |
| Apartment_area_pc | | −0.000<br>(0.001) | 0.000<br>(0.001) | 0.001<br>(0.001) |
| Demolition_experience | | 0.033<br>(0.056) | 0.038<br>(0.056) | 0.045<br>(0.057) |
| Housing_provident_fund | | 0.117***<br>(0.036) | 0.067*<br>(0.039) | 0.069*<br>(0.040) |

续表

| lnConsumption_pc | (1) | (2) | (3) | (4) |
|---|---|---|---|---|
| Family_size | | -0.081*** | -0.070*** | -0.074*** |
| | | (0.015) | (0.016) | (0.016) |
| Boy_18years | | 0.059* | 0.037 | 0.027 |
| | | (0.034) | (0.034) | (0.034) |
| Characteristics of household head | | | Y | Y |
| Provincial fixed effect | | | | Y |
| Observations | 1007 | 988 | 988 | 988 |
| $R^2$ | 0.251 | 0.281 | 0.316 | 0.330 |

注：***、**和*分别表示 1%、5% 和 10% 的显著性水平。

数据来源：CHIP 2018 以及 Shao 等（2022）。

上述基本回归所采用的是普通最小二乘法（OLS），其可能存在内生性问题，即一个特定的家庭是否居住在公租房中可能不是完全随机的。为了增强模型的稳健性并核验公租房项目和消费的因果关系，笔者接下来采用倾向性评分匹配（Propensity Score Matching）来做进一步的检验。

具体而言，为了证明正是政府提供的公租房项目（而不是其他原因）导致消费收入弹性的提高，我们需要在租户中构建一组样本来匹配处理组（即 Public_rent=1），以计算组间差异。其中，交互项 Public_rent×lnDisposable_income_pc 的系数可能无法通过平均处理效应（Average Treatment Effect）得到，因此我们需要对匹配的样本进行回归以测度交叉项所产生的影响。基于 Imbens 和 Rubin（2015）的方法，我们采用协变量来估计倾向性评分，并对匹配的样本进行 OLS 回归。表6-3 展示了公租房项目对所有租户的消费的影响，表6-4 进一步展示了公租房项目对收入水平低于平均值的租户的消费所产生的影响。

表6-3 公租房项目对租户消费的影响

| | lnConsumption_pc | lnService_consumption_pc | lnNonservice_consumption_pc |
|---|---|---|---|
| Public_rent×lnDisposable_income_pc | 0.182** | 0.357** | 0.039 |
| | (0.079) | (0.138) | (0.084) |
| lnDisposable_income_pc | 0.711*** | 0.860*** | 0.583*** |
| | (0.085) | (0.142) | (0.103) |

续表

| | $\ln Consumption\_pc$ | $\ln Service\_consumption\_pc$ | $\ln Nonservice\_consumption\_pc$ |
|---|---|---|---|
| *Public_rent* | −1.864** | −3.759*** | −0.366 |
| | (0.812) | (1.451) | (0.881) |
| Characteristics of household | Y | Y | Y |
| Characteristics of household head | Y | Y | Y |
| Provincial fixed effect | Y | Y | Y |
| Observations | 678 | 678 | 678 |
| R² | 0.687 | 0.548 | 0.601 |

注：***和**分别表示1%和5%的显著性水平。

数据来源：CHIP 2018以及Shao等（2022）。

**表6-4  公租房项目对低收入租户消费的影响**

| | $\ln Consumption\_pc$ | $\ln Service\_consumption\_pc$ | $\ln Nonservice\_consumption\_pc$ |
|---|---|---|---|
| *Public_rent*×$\ln Disposable\_income\_pc$ | 0.260** | 0.777** | 0.120 |
| | (0.121) | (0.317) | (0.112) |
| $\ln Disposable\_income\_pc$ | 0.583*** | 0.518** | 0.594*** |
| | (0.113) | (0.258) | (0.107) |
| *Public_rent* | −2.693** | −8.043** | −1.205 |
| | (1.211) | (3.206) | (1.112) |
| Characteristics of household | Y | Y | Y |
| Characteristics of household head | Y | Y | Y |
| Provincial fixed effect | Y | Y | Y |
| Observations | 357 | 357 | 357 |
| R² | 0.685 | 0.460 | 0.739 |

注：***和**分别表示1%和5%的显著性水平。

数据来源：CHIP 2018以及Shao等（2022）。

与此同时，由于申请到公租房的居民可能不是完全随机的，因此笔者进一步考察了另外一组低收入群体子样本的情况。申请公租房需要满足一定的条件，且只有当申请者人数超过可居住的公租房数量时，筛选才会起作用，这意味着在收入较低的子样本中，相比整体租户的样本而言，公租房的分配更为随机。

由此，我们将收入进行排序，并考察收入较低的家庭情况。表6-5和表6-6

分别汇报了这两组样本的回归结果。由表中的回归结果可知，上文的结论不仅稳健，而且公租房项目对低收入群体的消费促进作用更为明显。

表 6-5 公租房政策对低收入租户消费的影响（20%分位数）

| | $\ln Consumption\_pc$ | $\ln Service\_consumption\_pc$ | $\ln Non-service\_consumption\_pc$ |
|---|---|---|---|
| $Public\_rent \times \ln Disposable\_income\_pc$ | 0.365** (0.163) | 1.084*** (0.383) | 0.081 (0.164) |
| $\ln Disposable\_income\_pc$ | 0.477*** (0.089) | 0.500*** (0.173) | 0.423*** (0.097) |
| $Public\_rent$ | −3.598** (1.548) | −10.758*** (3.717) | −0.753 (1.551) |
| Characteristics of household | Y | Y | Y |
| Characteristics of household head | Y | Y | Y |
| Provincial fixed effect | Y | Y | Y |
| Observations | 287 | 287 | 287 |
| $R^2$ | 0.383 | 0.313 | 0.363 |

注：***和**分别表示1%和5%的显著性水平。

数据来源：CHIP 2018 以及 Shao 等（2022）。

表 6-6 公租房项目对低收入租户消费的影响（10%分位数）

| | $\ln Consumption\_pc$ | $\ln Service\_consumption\_pc$ | $\ln Non-service\_consumption\_pc$ |
|---|---|---|---|
| $Public\_rent \times \ln Disposable\_income\_pc$ | 0.640** (0.273) | 1.329** (0.638) | 0.361* (0.200) |
| $\ln Disposable\_income\_pc$ | 0.536*** (0.141) | 0.676** (0.270) | 0.353** (0.136) |
| $Public\_rent$ | −6.139** (2.536) | −12.798** (5.892) | −3.416* (1.857) |
| Characteristics of household | Y | Y | Y |
| Characteristics of household head | Y | Y | Y |
| Provincial fixed effect | Y | Y | Y |
| Observations | 144 | 144 | 144 |
| $R^2$ | 0.443 | 0.363 | 0.473 |

注：***、**和*分别表示1%、5%和10%的显著性水平。

数据来源：CHIP 2018 以及 Shao 等（2022）。

## 第三节　数值模拟

定理3-3到定理3-8是第三章的核心结论，即不考虑竞争性供给的情况下，对持有产权征税不影响均衡的消费数量，从而不影响总福利；对过户交易征税会增加所有者和租赁的消费数量，减少买家的消费数量，因此在一定程度上缓解了限购的扭曲，但额外导致买卖双方之间的扭曲；对租赁交易进行补贴会减少过户数量，增加租房数量，并可结合弹性制定最优补贴率，从而达到次优配置。

以CRRA的效用函数为例，并取 $\sigma = 0.5$。在纯交换经济中，参数取值为 $Q = 1000$，$\theta = 0.8$，$k = 0.9$，$n_s = 30$，$n_b = 30$，$m = 40$。图6-1以不同的税率为横轴，各类交易者的住房数量为纵轴，展示了税率变化对均衡的影响。

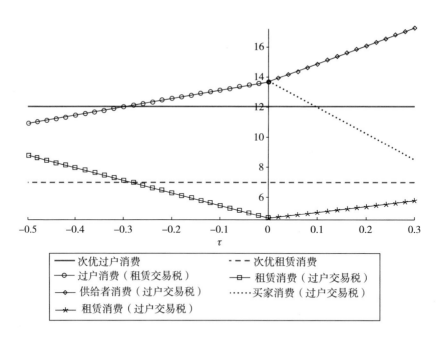

**图6-1　产权税、交易税和租赁税对均衡的影响**

从图6-1可知，在给定的参数取值下，与横轴平行的实线和虚线分别表示"次优配置"下的过户和租房数量（12.03和6.95）。在纵轴右侧，按照从上到下的顺序来看，除去平行于横轴的两条线，剩余三条线分别表示增加交易税时，供给者、购买者和租赁者的均衡消费数量。当$\tau_x$增加时，可见两类具有购房资质的消费者的均衡消费量开始出现差异，但买家和租户之间的差异减少。在纵轴左侧，按照从上到下的顺序来看，除去平行于横轴的两条线，剩余两条线分别表示补贴租赁时过户和租房的数量。根据定理3-3，产权持有税不影响均衡。

相应地，图6-2以税率为横轴，以总福利为纵轴，展示了税率变化对均衡总福利的影响。

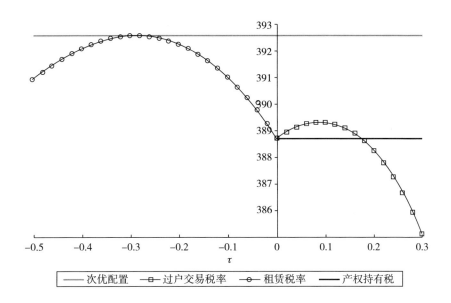

**图6-2　产权税、交易税和租赁税对总福利的影响与最优税**

从图6-2可知，最优的过户交易税约为价格的9%，但此时总福利仍比次优配置低。最优的租赁交易税约为价格的29%，此时总福利等同于次优配置。结合图6-1可知，当租赁补贴率为价格的29%时，过户和租房数量分别与12.03和6.95重合。

当购房交易考虑到配套教育资源的问题时，例5-1给出了给定对居住质量的需求弹性$\sigma$、居住质量$x_i$以及其他参数时最大化居住效用和教育产出的征税水平。其中，例5-1假设不同类型的消费者的支付意愿服从对称的均匀分布，这从某种程度上意味着消费者类型和支付意愿无关。

通过比较不同的$(\theta_A, \theta_B)$的联合分布，可以更好地解析消费者类型和支付意愿具有不同关系时，条件减免对居住和教育产出的影响。例如，以例 5-1 所取的效用函数和参数值为基础，除了考虑以 [0，1] 为上下限的对称均匀分布，图 6-6 考虑了 $\theta_A$ 服从于 $B$ (2，2) 的 beta 分布，以及 $\theta_B$ 服从于 $B$ (2，5) 的 beta 分布的情况。即：

$$f(\theta_A，\theta_B) = \frac{\theta_A(1 - \theta_A)}{\int_0^1 t(1 - t)\,dt} \frac{\theta_B(1 - \theta_B)^4}{\int_0^1 t(1 - t)^4\,dt}$$

这样，不同消费者的支付意愿分布是非对称的。对于 A 类型消费者而言，其支付意愿的均值为：

$$E(\theta_A) = \frac{1}{2}$$

而 B 类型消费者的支付意愿均值为：

$$E(\theta_B) = \frac{2}{2+5} = \frac{2}{7} < \frac{1}{2}$$

根据定理 5-1 或引理 5-2，这样的非对称分布意味着，初始的瓦尔拉斯均衡在教育维度完美匹配的概率更高。如图 6-3 所示。

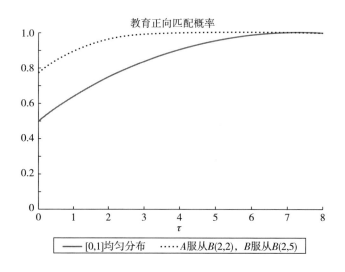

**图 6-3 条件减免式房产税与教育正向匹配的概率**

在图 6-3 中，实线与例 5-1 相同，表示均值为 1/2 的均匀分布下，条件减免机制对教育匹配为 PAM 的概率的影响。实点表示非对称的 beta 分布的情形。由于 B 类型的均值低于 A 类型，所以对于 beta 分布而言，给定某个税率，教育维度完美匹配的概率更高。在均匀分布的情况下，若不征税，均衡时完美匹配的概率为 0.5；而在非对称 beta 分布的情况下，初始均衡的完美匹配概率为 0.77。

图 6-4 进而比较了两种分布下福利最大化的最优税。根据定理 5-2 或式（5-8）可知，给定同样的上限和下限，对于内点解而言，最优税不取决于具体的分布，而只取决于弹性和加权的教育产出的相对大小。这从图 6-4（b）中可以见证：在以 0.5 为均值的对称均匀分布下，以及在以 0.5 和 0.29 为均值的非对称分布下，最优税均为 1.54。两种不同分布的区别在于，根据图 6-4（a），对于一个"更有效率"的 beta 分布而言，调节不同的税额，对居住效用的最大扭曲程度为 0.23，而在对称的均匀分布下，该最大的扭曲程度为 1.05。因此，由于该 beta 分布下，消费者支付意愿与学生潜质相关性较高，因此初始均衡有效率的概率更大。换言之，当初始的捆绑均衡本身就较为有效率时，则不需要较高的税加以矫正。

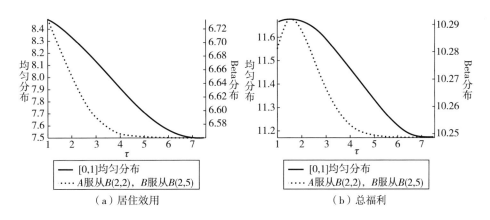

图 6-4　条件减免机制对居住效用和总福利的影响

# 第七章

# 本书总结

## 第一节 主要结论

资源配置效率是经济学理论评价公共政策的基本标准。本书考察了买卖与租赁、数量选择、配套功能和公租房项目对消费者选择的影响，并分析了其对应的资源配置效率，进而给出了相关政策建议。

首先，构建租购并举的住房制度，应当考虑限购对买卖和租赁两个市场所造成的影响，以及两个市场之间的关系。本书通过构建包含异质性购房资格的一般均衡模型，分析了具有不同过户身份的消费者的购买、租赁、出售和出租选择，并分析了市场均衡下对持有房产、过户交易和租房交易征税所产生的影响。在存在过户身份约束限制的情况下，部分购房者只能租房。在均衡条件下，供给者对额外一单位房产进行出售和出租无差异。由于租赁市场的不完美，导致均衡下过低的租房数量。所以，对持有房产征税不能改变供给者的无差异条件；对过户交易征税可以增加租赁数量，但会扭曲过户交易；补贴租赁交易可以恢复"次优"配置。

其次，本书进一步考察了理性交易者对不动产数量的选择。特别地，本书对购买第一套和第二套房的消费行为，以及政策对持有不同数量的不动产实施差异化对待的情形进行了建模分析。在水平差异化的基础上引入购房者避税成本的异质性，分析了消费者是购买一套还是二套，以及是否以交税还是避税的形式购买二套的选择，并探究了对第二套房征税和避税所分别产生的影响。对二套房实施更高的税费或限制会降低均衡价格，并导致福利净损失。但同时，对二套房征税或限制所引发的避税行为会在一定程度上抵消征税的效果，这损害了其他消费者的利益。研究结果表明，当征税水平较低时，避税会加重征税所造成的扭曲；当征税水平较高时，避税会缓解征税所导致的净损失。

再次，本书进一步考虑了配套公共资源如何影响消费者的不动产交易决策。假设居住环境和配套教育资源均存在异质性，消费者的支付意愿和类型也存在异质性，则竞争性市场均衡不一定能使得居住和教育两个维度都达到资源的有效配置。若税收政策能对教育资源在得以充分利用的情形下实施条件性减免，则可以在最小化对居住资源的扭曲的基础上，尽可能地将教育资源得以充分的利用，从而促进两个维度整体上的资源配置效率。

最后，公租房项目通过提高消费者的可支配收入，进而促进其消费的收入弹性。同时，相比收入位于平均值水平的租户而言，该项目对收入水平低于平均值的群体的消费促进作用更为明显。

# 第二节　政策建议

本书的研究对于我国构建租购并举的长效机制具有较强的政策含义。虽然本书的模型和研究思路是通过构建微观经济理论模型来解释现实问题，并以新古典主义的"资源配置效率"为目标，但本书的结论认为，基于中国国情，不能将西方现成的相关干预和税收政策进行照搬，应当基于特定的影响因素，在尊重市场客观规律的基础上，实施针对性的解决方案。

在未来的政策实施和改革过程中，可以在基于本书所提到的因素内，考虑如下几点，并与其他政策加以配套，来提高资源配置效率。

第一，除了考虑对产权保有或持有环节进行征税试点，以提高财政收入之外，还可以将交易税和租赁补贴结合起来，通过对过户交易和租赁交易之间的税收进行调节，来矫正买卖和租赁两个市场的不平衡，权衡住房和租房市场的资源配置。

第二，在当前的纳税责任划分基础上，应当准确判断购房者的偏好和避税成本，以更精准地实施调控和抑价目标。同时，与时俱进、因地制宜地适度调节针对第二套房的政策，以权衡其政策目标与资源配置效率之间的关系。

第三，在考虑配套公共设施或资源的融资问题时，根据购房者的特征和公共资源的属性，在购房者自愿选择其居住环境的基础上，按需合理配置公共资源。相关税费可根据公共资源和购房者的特征予以差别对待或条件性减免，以最大化购房者的居住福利和公共资源的配置效率。

第四，进一步大力推进公租房相关项目的建设，提高对低收入群体的扶持力度，并完善申请流程。

诚然，现实中很多政策的实施，除了需要提高资源配置效率外，还涉及经济可持续发展和社会稳定等因素的考虑。笔者认为，应当在维持其政策目标的基础上，尽可能地最大化社会福利，可关注以下两点：

第一，提升租房市场的交易效率、促进长租平台建设、维护房东和租户的权益、为租赁交易提供充分的制度保障和信息支持。

第二，在不动产配套公共资源的分配机制上，寻求多途径的配置模式，根据居民的多元化需求采取灵活多样化的分配机制。将市场机制和公共利益有效结合，以缓解市场交易未能内部化公共资源的正外部性问题。

# 第三节 研究展望

总结本书内容，发现可进一步发展未来研究的方向包括：

第一，前文已提到，本书的特色与创新性在于，为异质性交易者面临的多重因素构建了理论模型并进行拓展创新，评估了市场均衡对资源配置效率的影响，以进一步给出了相关政策建议。通过前文的理论模型，可以从某些角度来评估政策对市场均衡的影响，对以往注重于从实证角度对该问题进行研究的文献进行了补充。但同时，这也意味着，基于前文的理论模型，在未来需要一定的实证研究作为补充。

第二，为了简化分析强调重点，本书中市场参与主体的效用函数均假设为拟线性的形式（Quasi-Linear），而拟线性的效用函数的优点是便于分析消费资源的配置，缺点是没有考虑收入效应。所以，未来对收入效应及其他层面的考虑也将是笔者关注的重点。

第三，本书大部分以静态模型进行分析，比较适合分析微观层面上消费资源的配置。但是从静态模型拓展到动态模型，将会在如下方面增强解释力：静态模型虽然以出租（或出售）这一选择赋予不动产一定的资产属性，但并未从资本市场本身展开详细的讨论。因此，一个包含资本市场的动态模型可扩大本书研究的适用范围并增强解释力。同时，静态模型意味着政策的宣布和交易双方的行为是同时发生的，没有先后顺序，因此不存在政策的有效承诺和预期问题。如果考虑到政策的变动及其对预期的影响，将对本书的研究更具有启发意义。同理，在不考虑出租问题的静态模型中，对保有环节征税等同于对产权交易环节征税，而在现实的动态环境中，对保有环节和交易环节征税存在较大的差异。

第四，本书的目标函数（Total Surplus）是以方便讨论资源配置效率而设置的，因此简化或忽略了一些现实中所面临的其他约束或潜在的政策目标。因此，如果在模型中加入更多的潜在因素，将更有解释力。

# 参考文献

［1］Aaron H J, Von Furstenberg G M. The inefficiency of transfers in kind: The case of housing assistance ［J］. Economic Inquiry, 1971, 9 （2）: 184.

［2］Abdulkadiroğlu A, Pathak P A, Walters C R. Free to choose: Can school choice reduce student achievement? ［J］. American Economic Journal: Applied Economics, 2018, 10 （1）: 175-206.

［3］Abdulkadiroğlu A, Sönmez T. House allocation with existing tenants ［J］. Journal of Economic Theory, 1999, 88 （2）: 233-260.

［4］Alexandrov A, Spulber D F. Sufficient decisions in multi-sided and multi-product markets ［J］. The Journal of Industrial Economics, 2017, 65 （4）: 739-766.

［5］Amir R, Grilo I. On strategic complementarity conditions in Bertrand oligopoly ［J］. Economic Theory, 2003, 22 （1）: 227-232.

［6］Anderson S P, De Palma A, Kreider B. Tax incidence in differentiated product oligopoly ［J］. Journal of Public Economics, 2001, 81 （2）: 173-192.

［7］Anderson S P, De Palma A, Kreider B. The efficiency of indirect taxes under imperfect competition ［J］. Journal of Public Economics, 2001, 81 （2）: 231-251.

［8］Anderson S P, Forosϕ, Kind H J. Product functionality, competition, and multipurchasing ［J］. International Economic Review, 2017, 58 （1）: 183-210.

［9］Angrist J D, Lang K. Does school integration generate peer effects? Evidence from Boston's Metco Program ［J］. American Economic Review, 2004, 94 （5）: 1613-1634.

［10］Anstie R, Findlay C, Harper I. The impact of inflation and taxation on tenure choice and the redistributive effects of home – mortgage interest rate regulation [J]. Economic Record, 1983, 59 (2): 105-110.

[11] Atkinson A B, Stiglitz J E. The structure of indirect taxation and economic efficiency [J]. Journal of Public Economics, 1972, 1 (1): 97-119.

[12] Auerbach A J, Hines J R. Taxation and economic efficiency [M]//Handbook of public economics. Amsterdam: Elsevier, 2002.

[13] Avery C, Pathak P A. The distributional consequences of public school choice [R]. National Bureau of Economic Research, 2015.

[14] Bai C E, Li Q, Ouyang M. Property taxes and home prices: A tale of two cities [J]. Journal of Econometrics, 2014, 180 (1): 1-15.

[15] Barseghyan L, Coate S. Property taxation, zoning, and efficiency in a dynamic tiebout model [J]. American Economic Journal: Economic Policy, 2016, 8 (3): 1-38.

[16] Becker G S. A theory of marriage: Part I [J]. Journal of Political Economy, 1973, 81 (4): 813-846.

[17] Besley T, Jewitt I. Optimal uniform taxation and the structure of consumer preferences [M]//Contributions to economic analysis. Amsterdam: Elsevier, 1990.

[18] Blank D M, Winnick L. The structure of the housing market [J]. The Quarterly Journal of Economics, 1953, 67 (2): 181-208.

[19] Böckem S. A generalized model of horizontal product differentiation [J]. The Journal of Industrial Economics, 1994: 287-298.

[20] Bogart W T, Cromwell B A. How much is a neighborhood school worth? [J]. Journal of Urban Economics, 2000, 47 (2): 280-305.

[21] Brülhart M, Bucovetsky S, Schmidheiny K. Taxes in cities [M]//Handbook of regional and urban economics. Amsterdam: Elsevier, 2015.

[22] Bulow J I. Durable-goods monopolists [J]. Journal of Political Economy, 1982, 90 (2): 314-332.

[23] Bulow J, Klemperer P. Regulated prices, rent seeking, and consumer surplus [J]. Journal of Political Economy, 2012, 120 (1): 160-186.

[24] Cao J, Hu W. A microsimulation of property tax policy in China [J]. Journal of Housing Economics, 2016, 33: 128-142.

[25] Cao Y, Chen J, Zhang Q. Housing investment in urban China [J]. Journal of Comparative Economics, 2018, 46 (1): 212-247.

[26] Caplin A, Nalebuff B. Aggregation and social choice: A mean voter theorem [J]. Econometrica, 1991, 59: 1-23.

[27] Carlton D W. The spatial effects of a tax on housing and land [J]. Regional Science and Urban Economics, 1981, 11 (4): 509-527.

[28] Chade H, Eeckhout J, Smith L. Sorting through search and matching models in economics [J]. Journal of Economic Literature, 2017, 55 (2): 493-544.

[29] Chen J, Hui E C M, Seiler M J, et al. Household tenure choice and housing price volatility under a binding home-purchase limit policy constraint [J]. Journal of Housing Economics, 2018, 41: 124-134.

[30] Chen Z, West E G. Selective versus universal vouchers: Modelling median voter preferences in education [J]. American Economic Review, 2000, 90 (5): 1520-1534.

[31] Chinloy P T. An empirical model of the market for resale homes [J]. Journal of Urban Economics, 1980, 7 (3): 279-292.

[32] Clapp J M, Nanda A, Ross S L. Which school attributes matter? The influence of school district performance and demographic composition on property values [J]. Journal of urban Economics, 2008, 63 (2): 451-466.

[33] Courant P N. Racial prejudice in a search model of the urban housing market [J]. Journal of Urban Economics, 1978, 5 (3): 329-345.

[34] Cremer H, De Donder P, Pestieau P. Education and social mobility [J]. International Tax and Public Finance, 2010, 17 (4): 357-377.

[35] Cushman M L. The ideal school district [J]. The Phi Delta Kappan, 1951, 32 (7): 313-316.

[36] Dahl G B, Lochner L. The impact of family income on child achievement: Evidence from the earned income tax credit [J]. American Economic Review, 2012, 102 (5): 1927-56.

[37] d' Aspremont C, Gabszewicz J J, Thisse J F. On Hotelling's "Stability in competition" [J]. Econometrica, 1979, 47 (5): 1145-1150.

[38] Davidson C, Martin L, Wilson J D. Efficient black markets? [J]. Journal

of Public Economics, 2007, 91 (7-8): 1575-1590.

[39] De Bartolome C A M. Equilibrium and inefficiency in a community model with peer group effects [J]. Journal of Political Economy, 1990, 98 (1): 110-133.

[40] De Leeuw F. The demand for housing: A review of cross-section evidence [J]. The Review of Economics and Statistic, 1971: 1-10.

[41] Deaton A, Stern N. Optimally uniform commodity taxes, taste differences and lump-sum grants [J]. Economics Letters, 1986, 20 (3): 263-266.

[42] Declercq K, Verboven F. Socio-economic status and enrollment in higher education: Do costs matter? [J]. Education Economics, 2015, 23 (5): 532-556.

[43] Denicolo V, Garella P G. Rationing in a durable goods monopoly [J]. Rand Journal of Economics, 1999, 30 (1): 44-55.

[44] Dharmapala D. The economics of tax avoidance and evasion [M]. Edward Elgar Publishing, 2017.

[45] Diamond P A, Mirrlees J A. Optimal taxation and public production I: Production efficiency [J]. American Economic Review, 1971, 61 (1): 8-27.

[46] Diamond R, McQuade T, Qian F. The effects of rent control expansion on tenants, landlords, and inequality: Evidence from san francisco [J]. American Economic Review, 2019, 109 (9): 3365-94.

[47] Du Z, Zhang L. Home-purchase restriction, property tax and housing price in China: A counterfactual analysis [J]. Journal of Econometrics, 2015, 188 (2): 558-568.

[48] Economides N. Symmetric equilibrium existence and optimality in differentiated product markets [J]. Journal of Economic Theory, 1989, 47 (1): 178-194.

[49] Feldstein M. The surprising incidence of a tax on pure rent: A new answer to an old question [J]. Journal of Political Economy, 1977, 85 (2): 349-360.

[50] Figlio D N, Fletcher D. Suburbanization, demographic change and the consequences for school finance [J]. Journal of Public Economics, 2012, 96 (11-12): 1144-1153.

[51] Figlio D N, Lucas M E. What's in a grade? School report cards and the housing market [J]. American Economic Review, 2004, 94 (3): 591-604.

［52］Flavin M, Yamashita T. Owner-occupied housing and the composition of the household portfolio ［J］. American Economic Review, 2002, 92 (1): 345-362.

［53］Follain J R, Ling D C. Another look at tenure choice, inflation, and taxes ［J］. Real Estate Economics, 1988, 16 (3): 207-229.

［54］Follain J R, Ling D C. The federal tax subsidy to housing and the reduced value of the mortgage interest deduction ［J］. National Tax Journal, 1991, 44: 147-168.

［55］Gomes R, Lozachmeur J M, Pavan A. Differential taxation and occupational choice ［J］. The Review of Economic Studies, 2018, 85 (1): 511-557.

［56］Häckner J, Herzing M. Welfare effects of taxation in oligopolistic markets ［J］. Journal of Economic Theory, 2016, 163: 141-166.

［57］Hanushek E A, Quigley J M. An explicit model of intra-metropolitan mobility ［J］. Land Economics, 1978, 54 (4): 411-429.

［58］Harding J P, Rosenthal S S, Sirmans C F. Depreciation of housing capital, maintenance, and house price inflation: Estimates from a repeat sales model ［J］. Journal of Urban Economics, 2007, 61 (2): 193-217.

［59］Hatfield J W, Kojima F, Narita Y. Improving schools through school choice: A market design approach ［J］. Journal of Economic Theory, 2016, 166: 186-211.

［60］Haurin D R, Gill H L. The impact of transaction costs and the expected length of stay on homeownership ［J］. Journal of Urban Economics, 2002, 51 (3): 563-584.

［61］Hendershott P H, Bosworth B P, Jaffee D M. Real user costs and the demand for single-family housing ［J］. Brookings Papers on Economic Activity, 1980 (2): 401-452.

［62］Hendershott P H, Hu S C. Inflation and extraordinary returns on owner-occupied housing: Some implications for capital allocation and productivity growth ［J］. Journal of Macroeconomics, 1981, 3 (2): 177-203.

［63］Hendershott P H, Shilling J D. Capital allocation and the economic recovery tax act of 1981 ［J］. Public Finance Quarterly, 1982, 10 (2): 242-273.

［64］Hendershott P H. Household formation and homeownership: Impacts of demographic, sociological, and economic factors [J]. Housing Finance Review, 1988, 7: 201.

[65] Hendershott P H, Slemrod J. Taxes and the user cost of capital for owner-occupied housing [J]. Real Estate Economics, 1982, 10 (4): 375-393.

[66] Henderson J V, Ioannides Y M. A model of housing tenure choice [J]. The American Economic Review, 1983, 73 (1): 98-113.

[67] Henderson J V, Ioannides Y M. Tenure choice and the demand for housing [J]. Economica, 1986: 231-246.

[68] Himmelberg C, Mayer C, Sinai T. Assessing high house prices: Bubbles, fundamentals and misperceptions [J]. Journal of Economic Perspectives, 2005, 19 (4): 67-92.

[69] Hotelling H. Stability in competition [J]. The Economic Journal, 1929, 39 (153): 41-57.

[70] Howard D H. Rationing, quantity constraints and consumption theory [J]. Econometrica: Journal of the Econometric Society, 1977: 399-412.

[71] Hu F. Homeownership and subjective wellbeing in urban China: Does owning a house make you happier? [J]. Social Indicators Research, 2013, 110 (3): 951-971.

[72] Imbens G W, Rubin D B. Causal inference in statistics, social and biomedical sciences [M]. Cambridge: Cambridge University Press, 2015.

[73] Irmen A, Thisse J F. Competition in multi-characteristics spaces: Hotelling was almost right [J]. Journal of Economic Theory, 1998, 78 (1): 76-102.

[74] Jaffe A J. On the role of transaction costs and property rights in housing markets [J]. Housing Studies, 1996, 11 (3): 425-435.

[75] Jeitschko T D, Jung Y, Kim J. Bundling and joint marketing by rival firms [J]. Journal of Economics and Management Strategy, 2017, 26 (3): 571-589.

[76] Kain J F. What should housing policies be? [J]. The Journal of Finance, 1974, 29 (2): 683-698.

[77] Kiefer D M. The equity of alternative policies for the Australian homeowner [J]. Economic Record, 1978, 54 (1): 127-139.

[78] Kim H, Serfes K. A location model with preference for variety [J]. The

Journal of Industrial Economics, 2006, 54 (4): 569-595.

［79］Kopczuk W. Redistribution when avoidance behavior is heterogeneous ［J］. Journal of Public Economics, 2001, 81 (1): 51-71.

［80］Lefgren L, Sims D, Lindquist M J. Rich dad, smart dad: Decomposing the intergenerational transmission of income ［J］. Journal of Political Economy, 2012, 120 (2): 268-303.

［81］Li R, Li Q, Lv X, et al. The land rental of Chinese rural households and its welfare effects ［J］. China Economic Review, 2019, 54: 204-217.

［82］Lindenlaub I. Sorting multidimensional types: Theory and application ［J］. The Review of Economic Studies, 2017, 84 (2): 718-789.

［83］Linneman P. An empirical test of the efficiency of the housing market ［J］. Journal of Urban Economics, 1986, 20 (2): 140-154.

［84］Litzenberger R H, Sosin H B. Taxation and the incidence of homeownership across income groups ［J］. The Journal of Finance, 1978, 33 (3): 947-961.

［85］Mayo S K. Theory and estimation in the economics of housing demand ［J］. Journal of Urban Economics, 1981, 10 (1): 95-116.

［86］McCarthy G W, Rohe W M, Van Zandt S. The economic benefits and costs of homeownership: A critical assessment of the research ［M］. Research Institute for Housing America, 2001.

［87］Mieszkowski P, Zodrow G R. Taxation and the Tiebout model: The differential effects of head taxes, taxes on land rents, and property taxes ［J］. Journal of Economic Literature, 1989, 27 (3): 1098-1146.

［88］Mirrlees J A, Adam S. Dimensions of tax design: The Mirrlees review ［M］. Oxford: Oxford University Press, 2010.

［89］Muth R F. Moving costs and housing expenditure ［J］. Journal of Urban Economics, 1974, 1 (1): 108-125.

［90］Nechyba T J. Existence of equilibrium and stratification in local and hierarchical Tiebout economies with property taxes and voting ［J］. Economic Theory, 1997, 10 (2): 277-304.

［91］Nguyen-Hoang P, Yinger J. The capitalization of school quality into house values: A review ［J］. Journal of Housing Economics, 2011, 20 (1): 30-48.

[92] Nordvik V. Tenure flexibility and the supply of private rental housing [J]. Regional Science and Urban Economics, 2000, 30 (1): 59-76.

[93] Olsen E O. A competitive theory of the housing market [J]. The American Economic Review, 1969, 59 (4): 612-622.

[94] O'sullivan A, Gibb K. Housing economics and public policy [M]. John Wiley & Sons, 2008.

[95] Pathak P A. The mechanism design approach to student assignment [J]. Annu. Rev. Econ., 2011, 3 (1): 513-536.

[96] Ramsey F P. A contribution to the theory of taxation [J]. The Economic Journal, 1927, 37 (145): 47-61.

[97] Rosen H S. Housing decisions and the U. S. income tax: An econometric analysis [J]. Journal of Public Economics, 1979, 11 (1): 1-23.

[98] Rosen S. Hedonic prices and implicit markets: Product differentiation in pure competition [J]. Journal of Political Economy, 1974, 82 (1): 34-55.

[99] Ross S, Yinger J. Sorting and voting: A review of the literature on urban public finance [M] //Handbook of regional and urban economics. Amsterdam: Elservier, 1999.

[100] Shao X. Diversity and quantity choice in a horizontally differentiated duopoly [J]. Journat of Industry, Competition and Trade, 2020, 20 (4): 689-708.

[101] Shao X. Matching under school and home bundling [J]. International Tax and Public Finance, 2021, 28 (3): 567-611.

[102] Shao X, Cao Y, Teng Y, et al. The consumption-stimulating effect of public rental housing in China [J]. China and World Economy, 2022, 30 (1): 106-135.

[103] Shao X, White A. Outsiders, insiders and interventions in the housing market [J]. Journal of Comparative Economics, 2021, 49 (1): 110-134.

[104] Shelton J P. The cost of renting versus owning a home [J]. Land Economics, 1968, 44 (1): 59-72.

[105] Shimer R, Smith L. Assortative matching and search [J]. Econometrica, 2000, 68 (2): 343-369.

[106] Sinai T, Souleles N S. Owner-occupied housing as a hedge against rent

risk [J] . The Quarterly Journal of Economics, 2005, 120 (2): 763-789.

[107] Slemrod J, Yitzhaki S. Tax avoidance, evasion, and administration [M] //Handbook of public economics. Amsterdam: Elsevier, 2002.

[108] Smith L B, Rosen K T, Fallis G. Recent developments in economic models of housing markets [J] . Journal of Economic Literature, 1988, 26 (1): 29-64.

[109] Spence M. Product differentiation and welfare [J] . The American Economic Review, 1976, 66 (2): 407-414.

[110] Stiglitz J E. The general theory of Tax avoidance [J] . National Tax Journal, 1985, 38 (3): 325-337.

[111] Sun W, Zheng S, Geltner D M, et al. The housing market effects of local home purchase restrictions: Evidence from Beijing [J] . The Journal of Real Estate Finance and Economics, 2017, 55 (3): 288-312.

[112] Tiebout C M. A pure theory of local expenditures [J] . Journal of Political Economy, 1956, 64 (5): 416-424.

[113] Titman S. The effects of anticipated inflation on housing market equilibrium [J] . The Journal of Finance, 1982, 37 (3): 827-842.

[114] Tobin J. A proposal for international monetary reform [J] . Eastern Economic Journal, 1978, 4 (3/4): 153-159.

[115] Topkis D M. Comparative statics of the firm [J] . Journal of Economic Theory, 1995, 67 (2): 370-401.

[116] Wallace A R. Land nationalisation: Its necessity and its aims: Being a comparison of the system of landlord and tenant with that of occupying ownership in their influence on the well-being of the people [M] . London: S. Sonnenschein, 1892.

[117] Wei S J, Zhang X. The competitive saving motive: Evidence from rising sex ratios and savings rates in China [J] . Journal of Political Economy, 2011, 119 (3): 511-564.

[118] Weinberg D H, Friedman J, Mayo S K. Intraurban residential mobility: The role of transactions costs, market imperfections, and household disequilibrium [J] . Journal of Urban Economics, 1981, 9 (3): 332-348.

[119] Weiss Y. Capital gains, discriminatory taxes, and the choice between renting and owning a house [J] . Journal of Public Economics, 1978, 10 (1): 45-55.

［120］Weyl E G, Fabinger M. Pass-through as an economic tool: Principles of incidence under imperfect competition ［J］. Journal of Political Economy, 2013, 121 (3): 528-583.

［121］White M J, White L J. The tax subsidy to owner-occupied housing: Who benefits? ［J］. Journal of Public Economics, 1977, 7 (1): 111-126.

［122］Wu J, Gyourko J, Deng Y. Evaluating conditions in major Chinese housing markets ［J］. Regional Science and Urban Economics, 2012, 42 (3): 531-543.

［123］Wu J, Gyourko J, Deng Y. Evaluating the risk of Chinese housing markets: What we know and what we need to know ［J］. China Economic Review, 2016, 39: 91-114.

［124］Xu J. Housing choices, sorting, and the distribution of educational benefits under deferred acceptance ［J］. Journal of Public Economic Theory, 2019, 21 (3): 558-595.

［125］Yinger J. A search model of real estate broker behavior ［J］. The American Economic Review, 1981, 71 (4): 591-605.

［126］陈淮. 房地产税不宜用于短期调控 ［J］. 中国税务, 2005 (2): 24-26.

［127］董藩, 董文婷. 学区房价格及其形成机制研究 ［J］. 社会科学战线, 2017 (1): 43-51.

［128］冯科, 何理. 中国房地产市场"限购政策"研究——基于反需求函数的理论与经验分析 ［J］. 经济学动态, 2012 (2): 53-60.

［129］高然, 龚六堂. 土地财政、房地产需求冲击与经济波动 ［J］. 金融研究, 2017 (4): 36-49.

［130］哈巍, 吴红斌, 余韧哲. 学区房溢价新探——基于北京市城六区重复截面数据的实证分析 ［J］. 教育与经济, 2015 (5): 1.

［131］胡涛, 孙振尧. 限购政策与社会福利: 一个理论探讨 ［J］. 经济科学, 2011 (6): 42-49.

［132］胡婉旸, 郑思齐, 王锐. 学区房的溢价究竟有多大: 利用"租买不同权"和配对回归的实证估计 ［J］. 经济学 (季刊), 2014, 13 (3): 1195-1214.

[133] 黄少安，陈斌开，刘姿彤．"租税替代"、财政收入与政府的房地产政策 [J]．经济研究，2012 (8)：94-107.

[134] 李君甫，朱孔阳．北京流动人口在京购房状况研究报告 [M] //北京社会发展报告 (2016~2017)．北京：社会科学文献出版社，2017.

[135] 李庆海，李锐，王兆华．农户土地租赁行为及其福利效果 [J]．经济学 (季刊)，2011，11 (1)：269-288.

[136] 刘江涛，张波，黄志刚．限购政策与房价的动态变化 [J]．经济学动态，2012 (3)：47-54.

[137] 刘璐．限贷和限购政策对一般均衡中房价的影响 [J]．管理科学学报，2013，16 (9)：20-32.

[138] 刘润秋，孙潇雅．教育质量"资本化"对住房价格的影响——基于成都市武侯区小学学区房的实证分析 [J]．财经科学，2015 (8)：91-99.

[139] 刘佐．我国房地产税制建设的简要回顾与展望 [J]．税务研究，2006 (3)：51-55.

[140] 吕冰洋，毛捷，吕寅晗．房地产市场中的政府激励机制：问题与改革 [J]．财贸经济，2013，34 (7)：126-137.

[141] 梅冬州，崔小勇，吴娱．房价变动、土地财政与中国经济波动 [J]．经济研究，2018，53 (1)：35-49.

[142] 石忆邵，王伊婷．上海市学区房价格的影响机制 [J]．中国土地科学，2014，28 (12)：47-55.

[143] 孙文凯．城市化与经济增长关系分析——兼评中国特色 [J]．经济理论与经济管理，2011 (4)：33-40.

[144] 汪德华，季玉东．中国居民房产税的功能定位与税制选择 [J]．涉外税务，2012 (11)：13-17.

[145] 王桂莲，戴海先．房地产课税制度改革研究 [J]．税务与经济，1997 (4)：31-34.

[146] 王敏，黄滢．限购和房产税对房价的影响：基于长期动态均衡的分析 [J]．世界经济，2013 (1)：141-159.

[147] 魏东霞，谌新民．落户门槛、技能偏向与儿童留守——基于2014年全国流动人口监测数据的实证研究 [J]．经济学 (季刊)，2018 (2)：549-578.

［148］夏杰长．我国开征物业税的效应与时机分析［J］．税务研究，2004（9）：22-24.

［149］于涛，于静静．"就近入学"下的住宅价格分析——学区房中的教育资本化问题［J］．中国房地产，2017（6）：3-13.